# 《关于办理醉酒危险驾驶刑事案件的意见》理解与适用

苗生明　主　编

曹红虹　副主编

共同撰稿人：苗生明　曹红虹　刘　涛　杨先德　赖俊斌

中国检察出版社

**图书在版编目（CIP）数据**

《关于办理醉酒危险驾驶刑事案件的意见》理解与适用 / 苗生明主编 . -- 北京：中国检察出版社，2024.5
　　ISBN 978-7-5102-3064-6

　　Ⅰ . ①关… Ⅱ . ①苗… Ⅲ . ①道路交通安全法—法律解释—中国②道路交通安全法—法律适用—中国 Ⅳ .
① D922.145

　　中国国家版本馆 CIP 数据核字（2024）第 070656 号

**《关于办理醉酒危险驾驶刑事案件的意见》理解与适用**

苗生明　主编

责任编辑：王　欢
技术编辑：王英英
封面设计：李　瞻

出版发行：中国检察出版社
社　　址：北京市石景山区香山南路 109 号（100144）
网　　址：中国检察出版社（www.zgjccbs.com）
编辑电话：（010）86423780
发行电话：（010）86423726　86423727　86423728
　　　　　（010）86423730　86423732
经　　销：新华书店
印　　刷：唐山玺诚印务有限公司
开　　本：710 mm×960 mm　16 开
印　　张：16.25
字　　数：214 千字
版　　次：2024 年 5 月第一版　　2025 年 6 月第四次印刷
书　　号：ISBN 978-7-5102-3064-6
定　　价：56.00 元

# 前　言

　　醉驾治理事关人民群众出行安全，与人民群众生活息息相关，党中央和中央政法各部门高度重视醉驾治理工作。为进一步完善醉驾治理体系，解决实践中遇到的突出问题，2023 年 2 月，在中央政法委组织领导下，最高人民检察院牵头，会同全国人大常委会法工委、最高人民法院、公安部、司法部组建了醉驾指导意见起草工作专班，致力于醉驾新规的制定工作。在工作过程中，各成员单位深入学习贯彻习近平法治思想，认真落实中央政法委决策部署，本着对人民群众生命财产安全高度负责的态度，在充分开展调查研究基础上，数易其稿，完成了醉驾新规起草工作。

　　2023 年 12 月 13 日，最高人民法院、最高人民检察院、公安部、司法部正式印发《关于办理醉酒危险驾驶刑事案件的意见》（高检发办字〔2023〕187 号）（以下简称《意见》）。《意见》坚持严格执法、公正司法，全面准确贯彻宽严相济刑事政策，统一和优化醉驾执法司法标准，简化办案流程，推动形成行政执法与刑事司法相互衔接、梯次递进的酒驾醉驾治理体系，对深化醉驾治理乃至推动完善我国轻罪治理体系具有重要意义。《意见》印发后，引发广泛关注和热烈讨论，得到社会各界充分肯定。

　　总体上，《意见》是对 2013 年"两高一部"《关于办理醉酒驾驶机动车刑事案件适用法律若干问题的意见》的系统补充完善，对原有规则做出了较大修改，又新增了不少新的规定，因此如何抓好《意见》落实是摆在各级执法司法机关面前的重要任务。《意见》印发后，最高检下发贯彻落实《意见》的通知，开展全员系统培训，组织撰写专业论文和解读，并配套印发了两批典型案例，力争对《意见》进行全面解读，对一线办案提供细致指导。

实践表明，《意见》总体上符合实践需要，同时各地执法司法机关积极反馈执行中遇到的需要对《意见》条文进行再解释、再细化或者再区分的问题，希望加强指导。这些问题主要集中在：从重处理情节的理解和把握，包括无证驾驶、逃避阻碍依法检查、妨害司法、二年或五年再次酒驾醉驾等条款；道路和机动车的认定；情节显著轻微条款理解以及相对不起诉、缓刑标准的把握等问题。对此，中央执法司法机关相关业务部门充分沟通协调，通过日常指导、实践探索进行了规范统一，解决了上述大部分疑难问题。

考虑到对《意见》的理解和执行是一个普遍性、长期性工作，本书作者梳理总结《意见》落实中遇到的各种问题，汇总已经明确的指导意见，对《意见》进行深入的理论解读和逐条释义，通过实务问答和典型案例等方式对疑难问题进行专门解答，形成了《〈关于办理醉酒危险驾驶刑事案件的意见〉理解与适用》一书，希望能够给一线办案人员提供更好指导，确保《意见》落地落实，取得预期效果。

2024 年 5 月 8 日

# 目　录

## 5. 机动车认定的典型案例

## 6. 从重处理情节认定的典型案例

## 7. 证据审查认定的典型案例

## 8. 缓刑适用的典型案例

## 9. 情节显著轻微危害不大的认定的典型案例

## 10. 相对不起诉的典型案例

## 11. 快速办理机制的典型案例

## 12. 检察监督的典型案例

# 第六部分　法律法规 ······················································· 173

# 第一部分

# 《意见》全文

# 关于印发《最高人民法院 最高人民检察院 公安部 司法部关于办理醉酒危险驾驶 刑事案件的意见》的通知

（高检发办字〔2023〕187号）

各省、自治区、直辖市高级人民法院、人民检察院、公安厅（局）、司法厅（局），解放军军事法院、军事检察院、军委政法委员会保卫局，新疆维吾尔自治区高级人民法院生产建设兵团分院，新疆生产建设兵团人民检察院、公安局、司法局：

自2011年醉驾入刑以来，各地坚持严格执法、公正司法，依法惩治酒驾醉驾违法犯罪行为，有力维护了人民群众生命财产安全和道路交通安全，酒驾醉驾治理取得明显成效。为适应新形势新变化，进一步统一执法司法标准，严格规范、依法办理醉驾案件，最高人民法院、最高人民检察院、公安部、司法部制定了《关于办理醉酒危险驾驶刑事案件的意见》，现印发给你们，请认真贯彻执行。执行中遇到的问题，请及时层报最高人民法院、最高人民检察院、公安部、司法部。

最高人民法院 最高人民检察院
公 安 部 司 法 部
2023年12月13日

# 最高人民法院 最高人民检察院 公安部 司法部关于办理醉酒危险驾驶刑事案件的意见

　　为维护人民群众生命财产安全和道路交通安全，依法惩治醉酒危险驾驶（以下简称醉驾）违法犯罪，根据刑法、刑事诉讼法等有关规定，结合执法司法实践，制定本意见。

## 一、总体要求

　　**第一条**　人民法院、人民检察院、公安机关办理醉驾案件，应当坚持分工负责，互相配合，互相制约，坚持正确适用法律，坚持证据裁判原则，严格执法，公正司法，提高办案效率，实现政治效果、法律效果和社会效果的有机统一。人民检察院依法对醉驾案件办理活动实行法律监督。

　　**第二条**　人民法院、人民检察院、公安机关办理醉驾案件，应当全面准确贯彻宽严相济刑事政策，根据案件的具体情节，实行区别对待，做到该宽则宽，当严则严，罚当其罪。

　　**第三条**　人民法院、人民检察院、公安机关和司法行政机关应当坚持惩治与预防相结合，采取多种方式强化综合治理、诉源治理，从源头上预防和减少酒后驾驶行为发生。

## 二、立案与侦查

　　**第四条**　在道路上驾驶机动车，经呼气酒精含量检测，显示血液酒精含量达到 80 毫克 /100 毫升以上的，公安机关应当依照刑事诉讼法和本意见的规定决定是否立案。对情节显著轻微、危害不大，不认为是犯罪的，不予立案。

公安机关应当及时提取犯罪嫌疑人血液样本送检。认定犯罪嫌疑人是否醉酒，主要以血液酒精含量鉴定意见作为依据。

犯罪嫌疑人经呼气酒精含量检测，显示血液酒精含量达到80毫克/100毫升以上，在提取血液样本前脱逃或者找人顶替的，可以以呼气酒精含量检测结果作为认定其醉酒的依据。

犯罪嫌疑人在公安机关依法检查时或者发生道路交通事故后，为逃避法律追究，在呼气酒精含量检测或者提取血液样本前故意饮酒的，可以以查获后血液酒精含量鉴定意见作为认定其醉酒的依据。

**第五条**　醉驾案件中"道路""机动车"的认定适用道路交通安全法有关"道路""机动车"的规定。

对机关、企事业单位、厂矿、校园、居民小区等单位管辖范围内的路段是否认定为"道路"，应当以其是否具有"公共性"，是否"允许社会机动车通行"作为判断标准。只允许单位内部机动车、特定来访机动车通行的，可以不认定为"道路"。

**第六条**　对醉驾犯罪嫌疑人、被告人，根据案件具体情况，可以依法予以拘留或者取保候审。具有下列情形之一的，一般予以取保候审：

（一）因本人受伤需要救治的；

（二）患有严重疾病，不适宜羁押的；

（三）系怀孕或者正在哺乳自己婴儿的妇女；

（四）系生活不能自理的人的唯一扶养人；

（五）其他需要取保候审的情形。

对符合取保候审条件，但犯罪嫌疑人、被告人不能提出保证人，也不交纳保证金的，可以监视居住。对违反取保候审、监视居住规定的犯罪嫌疑人、被告人，情节严重的，可以予以逮捕。

**第七条**　办理醉驾案件，应当收集以下证据：

（一）证明犯罪嫌疑人情况的证据材料，主要包括人口信息查询记录或者户籍证明等身份证明；驾驶证、驾驶人信息查询记录；犯罪前科记录、曾因饮酒后驾驶机动车被查获或者行政处罚记录、本次交通违法行政处罚决定书等；

（二）证明醉酒检测鉴定情况的证据材料，主要包括呼气酒精含量检测结果、呼气酒精含量检测仪标定证书、血液样本提取笔录、鉴定委托书或者鉴定机构接收检材登记材料、血液酒精含量鉴定意见、鉴定意见通知书等；

（三）证明机动车情况的证据材料，主要包括机动车行驶证、机动车信息查询记录、机动车照片等；

（四）证明现场执法情况的照片，主要包括现场检查机动车、呼气酒精含量检测、提取与封装血液样本等环节的照片，并应当保存相关环节的录音录像资料；

（五）犯罪嫌疑人供述和辩解。

根据案件具体情况，还应当收集以下证据：

（一）犯罪嫌疑人是否饮酒、驾驶机动车有争议的，应当收集同车人员、现场目击证人或者共同饮酒人员等证人证言、饮酒场所及行驶路段监控记录等；

（二）道路属性有争议的，应当收集相关管理人员、业主等知情人员证言、管理单位或者有关部门出具的证明等；

（三）发生交通事故的，应当收集交通事故认定书、事故路段监控记录、人体损伤程度等鉴定意见、被害人陈述等；

（四）可能构成自首的，应当收集犯罪嫌疑人到案经过等材料；

（五）其他确有必要收集的证据材料。

**第八条** 对犯罪嫌疑人血液样本提取、封装、保管、送检、鉴定等程序，按照公安部、司法部有关道路交通安全违法行为处理程序、鉴定规则等规定执行。

公安机关提取、封装血液样本过程应当全程录音录像。血液样本提取、封装应当做好标记和编号，由提取人、封装人、犯罪嫌疑人在血液样本提取笔录上签字。犯罪嫌疑人拒绝签字的，应当注明。提取的血液样本应当及时送往鉴定机构进行血液酒精含量鉴定。因特殊原因不能及时送检的，应当按照有关规范和技术标准保管检材并在五个工作日内送检。

鉴定机构应当对血液样品制备和仪器检测过程进行录音录像。鉴定机构应当在收到送检血液样本后三个工作日内，按照有关规范和技术标准进行鉴定并出具血液酒精含量鉴定意见，通知或者送交委托单位。

血液酒精含量鉴定意见作为证据使用的，办案单位应当自收到血液酒精含量鉴定意见之日起五个工作日内，书面通知犯罪嫌疑人、被告人、被害人或者其法定代理人。

第九条 具有下列情形之一，经补正或者作出合理解释的，血液酒精含量鉴定意见可以作为定案的依据；不能补正或者作出合理解释的，应当予以排除：

（一）血液样本提取、封装、保管不规范的；

（二）未按规定的时间和程序送检、出具鉴定意见的；

（三）鉴定过程未按规定同步录音录像的；

（四）存在其他瑕疵或者不规范的取证行为的。

## 三、刑事追究

第十条 醉驾具有下列情形之一，尚不构成其他犯罪的，从重处理：

（一）造成交通事故且负事故全部或者主要责任的；

（二）造成交通事故后逃逸的；

（三）未取得机动车驾驶证驾驶汽车的；

（四）严重超员、超载、超速驾驶的；

（五）服用国家规定管制的精神药品或者麻醉药品后驾驶的；

（六）驾驶机动车从事客运活动且载有乘客的；

（七）驾驶机动车从事校车业务且载有师生的；

（八）在高速公路上驾驶的；

（九）驾驶重型载货汽车的；

（十）运输危险化学品、危险货物的；

（十一）逃避、阻碍公安机关依法检查的；

（十二）实施威胁、打击报复、引诱、贿买证人、鉴定人等人员或者毁灭、伪造证据等妨害司法行为的；

（十三）二年内曾因饮酒后驾驶机动车被查获或者受过行政处罚的；

（十四）五年内曾因危险驾驶行为被判决有罪或者作相对不起诉的；

（十五）其他需要从重处理的情形。

**第十一条** 醉驾具有下列情形之一的，从宽处理：

（一）自首、坦白、立功的；

（二）自愿认罪认罚的；

（三）造成交通事故，赔偿损失或者取得谅解的；

（四）其他需要从宽处理的情形。

**第十二条** 醉驾具有下列情形之一，且不具有本意见第十条规定情形的，可以认定为情节显著轻微、危害不大，依照刑法第十三条、刑事诉讼法第十六条的规定处理：

（一）血液酒精含量不满 150 毫克 /100 毫升的；

（二）出于急救伤病人员等紧急情况驾驶机动车，且不构成紧急避险的；

（三）在居民小区、停车场等场所因挪车、停车入位等短距离驾驶机动车的；

（四）由他人驾驶至居民小区、停车场等场所短距离接替驾驶停放机动车的，或者为了交由他人驾驶，自居民小区、停车场等场所短距离驶出的；

（五）其他情节显著轻微的情形。

醉酒后出于急救伤病人员等紧急情况，不得已驾驶机动车，构成紧急避险的，依照刑法第二十一条的规定处理。

第十三条 对公安机关移送审查起诉的醉驾案件，人民检察院综合考虑犯罪嫌疑人驾驶的动机和目的、醉酒程度、机动车类型、道路情况、行驶时间、速度、距离以及认罪悔罪表现等因素，认为属于犯罪情节轻微的，依照刑法第三十七条、刑事诉讼法第一百七十七条第二款的规定处理。

第十四条 对符合刑法第七十二条规定的醉驾被告人，依法宣告缓刑。具有下列情形之一的，一般不适用缓刑：

（一）造成交通事故致他人轻微伤或者轻伤，且负事故全部或者主要责任的；

（二）造成交通事故且负事故全部或者主要责任，未赔偿损失的；

（三）造成交通事故后逃逸的；

（四）未取得机动车驾驶证驾驶汽车的；

（五）血液酒精含量超过 180 毫克 /100 毫升的；

（六）服用国家规定管制的精神药品或者麻醉药品后驾驶的；

（七）采取暴力手段抗拒公安机关依法检查，或者实施妨害司法行为的；

（八）五年内曾因饮酒后驾驶机动车被查获或者受过行政处罚的；

（九）曾因危险驾驶行为被判决有罪或者作相对不起诉的；

（十）其他情节恶劣的情形。

第十五条 对被告人判处罚金，应当根据醉驾行为、实际损害后果等犯罪情节，综合考虑被告人缴纳罚金的能力，确定与主刑相适应的罚金数额。起刑点一般不应低于道路交通安全法规定的饮酒后驾驶机动车相应情形的罚款数额；每增加一个月拘役，增加一千元至五千元罚金。

第十六条 醉驾同时构成交通肇事罪、过失以危险方法危害公共安全罪、以危险方法危害公共安全罪等其他犯罪的，依照处罚较重的规定定罪，依法从严追究刑事责任。

醉酒驾驶机动车，以暴力、威胁方法阻碍公安机关依法检查，又构成妨害公务罪、袭警罪等其他犯罪的，依照数罪并罚的规定处罚。

**第十七条** 犯罪嫌疑人醉驾被现场查获后，经允许离开，再经公安机关通知到案或者主动到案，不认定为自动投案；造成交通事故后保护现场、抢救伤者，向公安机关报告并配合调查的，应当认定为自动投案。

**第十八条** 根据本意见第十二条第一款、第十三条、第十四条处理的案件，可以将犯罪嫌疑人、被告人自愿接受安全驾驶教育、从事交通志愿服务、社区公益服务等情况作为作出相关处理的考量因素。

**第十九条** 对犯罪嫌疑人、被告人决定不起诉或者免予刑事处罚的，可以根据案件的不同情况，予以训诫或者责令具结悔过、赔礼道歉、赔偿损失，需要给予行政处罚、处分的，移送有关主管机关处理。

**第二十条** 醉驾属于严重的饮酒后驾驶机动车行为。血液酒精含量达到80毫克/100毫升以上，公安机关应当在决定不予立案、撤销案件或者移送审查起诉前，给予行为人吊销机动车驾驶证行政处罚。根据本意见第十二条第一款处理的案件，公安机关还应当按照道路交通安全法规定的饮酒后驾驶机动车相应情形，给予行为人罚款、行政拘留的行政处罚。

人民法院、人民检察院依据本意见第十二条第一款、第十三条处理的案件，对被不起诉人、被告人需要予以行政处罚的，应当提出检察意见或者司法建议，移送公安机关依照前款规定处理。公安机关应当将处理情况通报人民法院、人民检察院。

## 四、快速办理

**第二十一条** 人民法院、人民检察院、公安机关和司法行政机关应当加强协作配合，在遵循法定程序、保障当事人权利的前提下，因地制宜建立健全醉驾案件快速办理机制，简化办案流程，缩短办案期限，实现醉驾案件优质高效办理。

第二十二条　符合下列条件的醉驾案件，一般应当适用快速办理机制：

（一）现场查获，未造成交通事故的；

（二）事实清楚，证据确实、充分，法律适用没有争议的；

（三）犯罪嫌疑人、被告人自愿认罪认罚的；

（四）不具有刑事诉讼法第二百二十三条规定情形的。

第二十三条　适用快速办理机制办理的醉驾案件，人民法院、人民检察院、公安机关一般应当在立案侦查之日起三十日内完成侦查、起诉、审判工作。

第二十四条　在侦查或者审查起诉阶段采取取保候审措施的，案件移送至审查起诉或者审判阶段时，取保候审期限尚未届满且符合取保候审条件的，受案机关可以不再重新作出取保候审决定，由公安机关继续执行原取保候审措施。

第二十五条　对醉驾被告人拟提出缓刑量刑建议或者宣告缓刑的，一般可以不进行调查评估。确有必要的，应当及时委托社区矫正机构或者有关社会组织进行调查评估。受委托方应当及时向委托机关提供调查评估结果。

第二十六条　适用简易程序、速裁程序的醉驾案件，人民法院、人民检察院、公安机关和司法行政机关可以采取合并式、要素式、表格式等方式简化文书。

具备条件的地区，可以通过一体化的网上办案平台流转、送达电子卷宗、法律文书等，实现案件线上办理。

## 五、综合治理

第二十七条　人民法院、人民检察院、公安机关和司法行政机关应当积极落实普法责任制，加强道路交通安全法治宣传教育，广泛开展普法进机关、进乡村、进社区、进学校、进企业、进单位、进网络工作，引导社会公众培养规则意识，养成守法习惯。

**第二十八条** 人民法院、人民检察院、公安机关和司法行政机关应当充分运用司法建议、检察建议、提示函等机制，督促有关部门、企事业单位，加强本单位人员教育管理，加大驾驶培训环节安全驾驶教育，规范代驾行业发展，加强餐饮、娱乐等涉酒场所管理，加大警示提醒力度。

**第二十九条** 公安机关、司法行政机关应当根据醉驾服刑人员、社区矫正对象的具体情况，制定有针对性的教育改造、矫正方案，实现分类管理、个别化教育，增强其悔罪意识、法治观念，帮助其成为守法公民。

## 六、附　则

**第三十条** 本意见自 2023 年 12 月 28 日起施行。《最高人民法院最高人民检察院 公安部关于办理醉酒驾驶机动车刑事案件适用法律若干问题的意见》（法发〔2013〕15 号）同时废止。

第二部分

# 权威解读

# 坚持严格执法、公正司法，加强醉驾综合治理

## ——"两高两部"相关部门负责人就发布《关于办理醉酒危险驾驶刑事案件的意见》答记者问

2023 年 12 月 13 日，最高人民法院、最高人民检察院、公安部、司法部联合发布《关于办理醉酒危险驾驶刑事案件的意见》（以下简称《意见》），《意见》于 2023 年 12 月 28 日起施行。为准确理解《意见》内容，记者采访了"两高两部"相关部门负责人。

**问：**"两高两部"此次出台《意见》的背景和主要考虑是什么？

**答：** 2011 年 5 月，《刑法修正案（八）》增设了危险驾驶罪，在道路上醉酒驾驶机动车（以下简称醉驾）是其中一种危险驾驶行为。最高人民法院、最高人民检察院、公安部于 2013 年 12 月印发的《关于办理醉酒驾驶机动车刑事案件适用法律若干问题的意见》（以下简称"2013 年意见"），对明确醉驾认定标准、规范案件办理程序起到了积极作用。醉驾入刑以来，各地坚持严格执法、公正司法，依法惩治酒驾醉驾违法犯罪行为，有力维护了人民群众生命财产安全和道路交通安全，酒驾醉驾百车查处率明显下降，酒驾醉驾导致的恶性交通死亡事故大幅减少，"喝酒不开车，开车不喝酒"的法治观念逐步成为社会共识，酒驾醉驾治理成效显著。

党的十八大以来，以习近平同志为核心的党中央领导人民续写了经济快速发展和社会长期稳定两大奇迹，人民群众获得感、幸福感、安全感不断增强，执法司法理念、社会治理能力也在与时俱进。如何助力更

高水平的平安中国建设，更好地发挥刑罚在社会治理中的作用，更好地落实严格执法、公正司法，各地在依法惩治酒驾醉驾方面进行了有益探索，积累了丰富的司法经验。同时，在醉驾案件办理中也遇到一些新情况、新问题，对"2013年意见"进行补充完善很有必要，条件也已经成熟。为深入贯彻习近平法治思想，根据新形势新变化新要求，积极回应社会关切，在中央政法委组织领导下，最高人民法院、最高人民检察院、公安部、司法部总结各地经验，经深入调研、共同协商，听取司法实务人员和专家学者意见建议，并征求全国人大常委会法制工作委员会意见，制定了《意见》。

**问**：制定《意见》的总体思路是什么？《意见》主要包括哪些内容？

**答**：《意见》落实落细"四个坚持"。坚持人民至上，将维护人民群众生命财产安全置于首位，同时对醉驾情节轻微的初犯给予改过自新的机会。坚持严格执法、公正司法，进一步统一执法司法标准、规范执法办案，做到有法可依、有法必依、执法必严、违法必究。处理具体案件实事求是、不枉不纵、宽严相济、法理情融合，确保办案取得良好的政治效果、法律效果和社会效果。坚持系统思维，兼顾惩治与预防、公正与效率、刑罚手段与非刑罚手段的协调性。不仅关注醉酒危险驾驶犯罪的刑罚惩治，也注重因醉驾构成交通肇事罪、以危险方法危害公共安全罪等更严重犯罪的刑罚惩治。坚持综合治理，运用刑罚手段惩治醉驾的同时，也重视源头治理、综合施策，协同党政机关、行业协会、企事业单位以及公民个人，齐抓共管、群防群治，共同做好各环节的预防、治理工作。

《意见》共30条，分为总体要求、立案与侦查、刑事追究、快速办理、综合治理以及附则六部分，内容全面、法网严密。其中，立案与侦查部分对立案标准、道路、机动车认定、强制措施、证据收集等作了规定；刑事追究部分对从重处理情形、从宽处理情形、情节显著轻微认定、情节轻微认定、量刑标准，公益服务、刑事处罚与行政处罚衔接等作了规定；快速办理部分对醉驾案件适用快速办理机制的原则、范围、期限、流程等内容作了规定。

**问**：刚才谈到要坚持严格执法、公正司法，《意见》在这方面有哪些具体体现？

**答**："两高两部"紧紧围绕严格执法、公正司法这个主题，根据醉驾治理新形势新变化新要求，着力运用法治思维、法治方式破难题、解新题，系统补充完善"2013年意见"，形成标准统一、规则严密、要求明确、操作性强，行政执法与刑事司法相互衔接、梯次递进的酒驾醉驾治理体系。一是进一步统一执法司法标准。《意见》着力解决各地醉驾案件执法司法标准不够统一、处理不够均衡问题，统一行政处罚、刑事立案、起诉、量刑等标准，确保执法司法更加规范。比如，《意见》重申血液酒精含量80毫克/100毫升的醉酒标准，明确情节显著轻微、情节轻微以及一般不适用缓刑的具体标准和情形，规定罚金刑的起刑点和幅度。二是织密法网，严密规则。《意见》进一步严密醉驾治理的刑事、行政法网和规则体系，依法治理醉驾的操作性更强。比如，《意见》细化醉驾案件证据收集、审查采信规则，对于血液样本提取、封装等环节的程序性瑕疵，提出补正完善和是否采信的规则，确保不枉不纵；明确醉驾属于严重的饮酒后驾驶机动车行为，对不追究刑事责任的醉驾行为人应依法予以行政处罚。三是更加注重考量醉驾的具体情节，确保公平公正地处理案件。《意见》充分考虑醉驾的动机和目的、醉酒程度、机动车类型、道路情况、行驶时间、速度、距离、后果以及认罪悔罪表现等因素，做到该宽则宽，当严则严，罚当其罪。比如，《意见》在"2013年意见"规定的8项从重处理情形基础上，又调整、增加了醉驾校车、"毒驾"、"药驾"等7项从重处理情形。

**问**:《意见》在提升醉驾案件办理质效方面有哪些举措？

**答**：醉驾案件案情不复杂，适用法律方面相对明确。为兼顾公正与效率，《意见》提出要因地制宜建立健全醉驾案件快速办理机制，简程序不减权利，实现案件优质高效办理。一是明确符合规定情形、适用快速办理机制的案件，一般应当在立案侦查之日起 30 日内完成侦、诉、审工作。二是进一步简化办案手续。规定案件移送至审查起诉或者审判阶段时，取保候审期限尚未届满且符合取保候审条件的，受案机关可以不再重新作出取保候审决定。三是明确对拟适用缓刑的人员，一般不再委托社区矫正机构或者有关社会组织进行调查评估。四是简化法律文书制作，允许采取合并式、要素式、表格式等方式制作文书，具备条件的地区还可以通过网上办案平台流转卷宗和文书。

**问**：经过十余年的治理，仍然有一些人酒后开车。《意见》在源头预防和综合治理方面有哪些举措？

**答**：在保持惩治酒驾醉驾力度不减的情况之下，为什么还有一些人以身试法？归根结底还是心存侥幸，守法意识淡薄。打击惩罚这一手不能放松，但"一罚了之"不是最佳方案、治本之策，源头预防、综合治理这一手不可或缺。《意见》从三方面要求加强源头预防和综合治理工作。一是加强普法宣传教育。酒驾醉驾预防宣传应当成为执法司法机关的常态化工作，要采取形式多样的宣传教育方式，引导社会公众认识到酒驾醉驾的危险性，让"喝酒不开车"的观念更加深入人心。二是加强协同治理。酒驾醉驾不仅是法律问题，更是社会治理问题。对执法司法过程中发现的酒驾醉驾治理问题，要充分运用司法建议、检察建议、提示函等机制，督促相关单位齐抓共管、群防群治。三是加强教育改造。惩前毖后、治病救人是我们党长期坚持的方针。在醉驾案件办理中，要加强对涉案人员的教育、矫正，防范再犯。

最后，我们呼吁广大驾驶人员，为了您和家人的幸福，为了大家出行安全，请自觉遵守交通规则，杜绝酒后驾驶，争做守护道路交通安全的第一责任人。

# 醉酒型危险驾驶的治罪与治理

## ——兼论我国轻罪治理体系的完善

苗生明[*]

2023 年 12 月 13 日，最高人民法院、最高人民检察院、公安部、司法部在总结在道路上醉酒驾驶机动车（以下简称醉驾）入刑十多年治理成效、研究实践问题基础上，联合出台了《关于办理醉酒危险驾驶刑事案件的意见》（高检发办字〔2023〕187 号）（以下简称 2023 年意见）。2023 年意见全面准确贯彻宽严相济刑事政策，统一和优化醉驾执法司法标准，简化办案流程，对深化醉驾治理乃至推动完善我国轻罪治理体系具有重要意义。

## 一、关于醉驾案件办理的实体问题

（一）醉驾案件的入罪标准

1. 优化入罪标准的考虑

2011 年 5 月，《刑法修正案（八）》增设了危险驾驶罪，醉驾是其中一种危险驾驶行为。与追逐竞驶等其他类型危险驾驶罪不同，醉酒型危险驾驶的入罪未附加"情节恶劣""情节严重""危及公共安全"等其他条件。因此，从理论上讲，我国刑法中的醉酒型危险驾驶罪被认为是行

---

[*]　苗生明，最高人民检察院检察委员会副部级专职委员，二级大检察官。

为犯、抽象危险犯。问题在于，行为犯虽然不需要结果的发生，但是也要求"存在法益侵害的危险性"，[①] 抽象危险犯的成立不仅需要有危险而且存在危险程度不同之分。正如张明楷教授所说，抽象危险其实也有危险程度大小之分，在有的犯罪中是指具有发生实害的重大、紧迫的危险，在某些场合实际上等同于实害，而在某些场合是比较缓和的距离实害较远的危险。[②] 具体如何判断这种抽象危险，需要统一的、量化的、可操作的标准。

最高人民法院、最高人民检察院、公安部《关于办理醉酒驾驶机动车刑事案件适用法律若干问题的意见》（法发〔2013〕15 号）（以下简称2013 年意见）规定，在道路上驾驶机动车，血液酒精含量达到 80 毫克 /100 毫升以上的，属于醉酒驾驶机动车，以危险驾驶罪定罪处罚。该条规定界定了醉驾构成危险驾驶罪的入罪标准：一是醉酒的标准是血液酒精含量达到 80 毫克 /100 毫升以上，二是只要属于醉酒驾驶机动车，就应当以危险驾驶罪定罪处罚。之所以确定血液酒精含量 80 毫克 /100 毫升以上这一入罪标准，当时的研究认为，"血液酒精含量 80 毫克 /100 毫升是根据我国驾驶人员生理特点，经过大量调查研究、多方论证的结果，具有较强的科学性，且实践操作多年，已得到社会广泛认可，可以采用"。[③]

2013 年意见确定的 80 毫克 /100 毫升的入罪标准，从实际操作层面明确了判断醉驾作为危险犯达到入罪标准的"危险程度"，起到了"司法定量"的作用，对明确醉驾认定标准、规范案件办理程序起到了积极作用。但是，在 2013 年意见执行中遇到了一个突出问题，理论界、实务

---

① 参见［日］前田雅英:《刑法总论讲义》（第 6 版），曾文科译，北京大学出版社 2017 年版，第 35、61 页。

② 参见张明楷:《危险驾驶罪的基本问题——与冯军教授商榷》，载《政法论坛》2012 年第 6 期，第 136–137 页。

③ 高贵君、马岩、方文军、曾琳:《〈关于办理醉酒驾驶机动车刑事案件适用法律若干问题的意见〉的理解与适用》，载《人民司法（应用）》2014 年第 3 期，第 20 页。

界以及很多人大代表、政协委员普遍反映，80 毫克 /100 毫升作为"入罪标准"过于单一、机械。从刑法规定看，醉驾是在特定情境下的系列要素组成的综合行为，包括行为人醉酒程度、驾驶的目的和动机、行为人是否具有驾驶技能以及驾驶技能的高低、驾驶的机动车类型、道路情况（路段、车流等）、驾驶的时间、速度、距离等。行为人的血液酒精含量只是反映其醉酒程度的标准，不仅不同人的体质、酒精耐受度不同导致同样的血液酒精含量反映的实际醉酒程度不同，而且，更为重要的是，除了醉酒程度，上述其他要素也决定了其行为的危险程度，不应当不考虑。

考虑这种差异性因素在越来越多的醉驾案件的司法处理中体现出来。一是在一些个案处理中，血液酒精含量达到 80 毫克 /100 毫升以上，未按照犯罪处理。如在停车场挪车、在小区门口交接车辆等短距离驾驶行为。二是批量适用刑法第 13 条但书规定，事实上调整了入罪标准。比如，浙江省高级人民法院、浙江省人民检察院、浙江省公安厅《关于办理"醉驾"案件若干问题的会议纪要》规定，血液酒精含量在 100 毫克 /100 毫升以下，且无 8 种从重情节，危害不大的，可以认为是情节显著轻微，不移送审查起诉，由公安机关作撤案处理。此类规定实际上确定了"血液酒精含量＋情节"的入罪标准。浙江这种模式经过实践后也为理论界所认可，其他一些省市陆续借鉴这种模式。在 2023 年意见的起草调研过程中，很多地方提出了类似的建议。

我国实务中探索的这一入罪模式在域外也能得到印证。比如，《德国刑法典》第 316 条（饮酒驾驶基本犯）规定："饮用酒或其他麻醉品，不能安全驾驶交通工具……处 1 年以下自由刑或罚金刑。"在实践中，德国司法将醉驾行为分为"绝对的驾驶无能力"和"相对的驾驶无能力"。前者是指根据科学依据制定的针对所有人的标准，即只要血液酒精含量达到 110 毫克 /100 毫升，那么就可认定满足危险驾驶的条件。后者是指血液酒精含量在 30 毫克 /100 毫升至 110 毫克 /100 毫升之间，如果有足够的其他证据证明驾驶人员的驾驶行为受到了酒精的严重影响，那么也可以认定构成危险驾驶罪。最终，2023 年意见采用了"醉酒驾驶行为 + 血液酒精含量 + 其他情节"的入罪模式。

2. 醉驾入罪标准的多元化

2023 年意见第 4 条第 1 款规定："在道路上驾驶机动车，经呼气酒精含量检测，显示血液酒精含量达到 80 毫克 /100 毫升以上的，公安机关应当依照刑事诉讼法和本意见的规定决定是否立案。对情节显著轻微、危害不大，不认为是犯罪的，不予立案。"该规定事实上明确了醉酒标准并未变化，仍是血液酒精含量达到 80 毫克 /100 毫升。这也意味着道路交通安全法中规定的"醉酒驾驶"的标准没有变。在立案问题上，呼气检测显示行为人的血液酒精含量达到 80 毫克 /100 毫升以上，就存在犯罪嫌疑，但是，未必一定要立即立案侦查，是否按照刑事案件立案，还要按照刑事诉讼法、《公安机关办理刑事案件程序规定》以及 2023 年意见等有关规定开展进一步调查核实和认定判断，符合立案条件的依法立案，不符合立案条件的不予立案。

立案与否最终是由入罪标准决定的。2023 年意见根据不同情形，确定了不同入罪标准。一是对于血液酒精含量达到 150 毫克 /100 毫升以上的案件，在其他犯罪构成要件要素（如道路、机动车）都符合的情况下，不再考虑其他犯罪情节，直接以危险驾驶罪处理。因为，对于绝大多数行为人来说，血液酒精含量达到 150 毫克 /100 毫升以上，都已经处于较为深度的醉酒状态，一般情况下危险程度都很高。在调研过程中也发现，对于血液酒精含量达到 150 毫克 /100 毫升以上的案件，事故率明显上升。

二是血液酒精含量达到 80 毫克 /100 毫升以上，不满 150 毫克 /100 毫升，且有 2023 年意见第 10 条规定的 15 种从重处理情节的，以危险驾驶罪处理。也就是说，80 毫克 /100 毫升到 150 毫克 /100 毫升之间的醉驾案件，实行"血液酒精含量 + 情节"的入罪标准。其中，"情节"主要是指 2023 年意见第 10 条规定的 15 种从重处理情节。这些情节的设定重点考虑了行为的危险性，兼顾行为人的主观恶性、人身危险性。

三是特殊情形下醉驾的入罪问题。在起草调研中，对于在居民小区、停车场等场所因挪车、停车入位、交接车辆等短距离醉驾是否入罪问题，有不同的意见。有意见认为，这些情形下的醉驾行为危险性很大，尤其是停车场、小区等场所人员并不少，因而应当入罪。还有意见认为，这些情形即使出罪，也应当有血液酒精含量的限制，如果血液酒精含量较高，就应当入罪。综合研究认为，对醉驾行为的危险性要综合判断。在上述情形中，行为人主观上并无上路长距离驾驶的意图，有的叫了代驾反映其具备守法意识，距离普遍较短，速度一般也较慢，驾驶路段与车水马龙、人来人往的道路也有区别，危险性相对较小。此外，对这类行为划定任何血液酒精含量标准都可能导致个案处理得不科学、不合理。因此，在不具有 2023 年意见第 10 条规定的 15 种从重情节的情况下，综合认定这类醉驾行为属于情节显著轻微、危害不大是较为合理的，也便于操作。

在实务中，还发生了不少出于急救伤病人员等紧急情况醉驾的情形。该类案件如何处理，能否认定为紧急避险，有一定争议。紧急避险是指在合法利益面临不牺牲另外一种利益就无法避免的危险时，牺牲较小利益以保全较大利益的情形。① 在急救伤病人员等紧急情况下，行为人不惜以可能给公共安全造成危险的方式（醉驾），去保护他人的生命安全这一迫在眉睫的需要保护的利益，是可能构成紧急避险的。研究认为，确实属于刑法第 21 条规定的紧急避险的，则不负刑事责任。在认定是否构成紧急避险时，要从是否存在正在发生的危险、是否不得已才损害另一法益、是否有避险意图、避险是否超过必要限度等方面进行审查。

实践中，在认定处理该类案件时，判断的难点在于"不得已"上。

---

① 参见周光权：《刑法总论》（第 3 版），中国人民大学出版社 2016 年版，第 216 页。

"不得已"主要体现在危险发生时,一时找不到合格的能够代为驾驶的人员或者可替代的救治送医方式等。在有些情况下,危险并不紧迫或者行为人有其他避险的可能但并未采取其他方式(比如能够及时叫到代驾、身边有其他愿意提供帮助的合格驾驶人)的情况下醉驾的,依法不属于紧急避险。但是,考虑到行为人在情急之下无法作出理性选择,如果醉驾行为也未导致事故等后果,认定为情节显著轻微、危害不大,更加符合法理情,处理效果也更好。因此,2023年意见对出于急救伤病人员等紧急情况醉驾的情形作了较为周全的规定,既明确了根据情况可以适用紧急避险(2023年意见第12条第2款),又明确了根据情况可以适用刑法第13条但书规定予以出罪(2023年意见第12条第1款第2项)。

(二)醉驾案件从严和从宽标准的把握

制定2023年意见的一个重要指导原则是全面准确贯彻宽严相济刑事政策。2023年意见第2条规定:"人民法院、人民检察院、公安机关办理醉驾案件,应当全面准确贯彻宽严相济刑事政策,根据案件的具体情节,实行区别对待,做到该宽则宽,当严则严,罚当其罪。"这里最核心的就是如何确定"具体情节"。研究认为,血液酒精含量不仅是一个简单的数值标准,更是衡量行为人驾驶能力受酒精影响程度高低、行为危险性大小的最基本、最重要的犯罪情节。另外,时空环境、道路条件、车辆性质、认罪悔罪等也是判断醉驾行为危害性大小和行为人主观恶性、人身危险性的重要情节,制定"轻轻重重"标准时,必须充分考虑两方面因素,避免唯血液酒精含量标准"一刀切"。2023年意见在整体上按照"酒后危险驾驶行为+醉酒程度+有无其他情节"的模式确定入罪、从宽和从严的具体标准。需要注意的是,2023年意见第10条规定的15种从重处理的情节,在特定条件下是"入罪情节"(80毫克/100毫升到150毫克/100毫升之间的案件),在特定条件下又是入罪后的从重处罚的情节。

因此，2023 年意见用的是"从重处理"而不是"从重处罚"的表述。

1. 从重处理情节设定

2023 年意见在情节的具体设定上，主要是结合 2013 年意见规定的从重处罚情节和近年来实务发展的情况，新增了与危险驾驶行为危险性相关的情节，减少了不相关情节，限缩了一些情节的影响范围，以避免机械化。

2023 年意见在 2013 年意见基础上新增"驾驶重型载货汽车的""运输危险化学品、危险货物的""驾驶机动车从事校车业务且载有师生的""服用国家规定管制的精神药品或者麻醉药品后驾驶的""实施威胁、打击报复、引诱、贿买证人、鉴定人等人员或者毁灭、伪造证据等妨害司法行为的"等 5 项从重情节。这些情节主要反映了相关行为的危险系数较高或者行为人主观恶性较大，可以作为入罪情节或从重处罚情节考虑。

2023 年意见删除了"城市快速路"醉驾。"城市快速路"在城市中已经较为普遍，醉驾穿行于快速路与普通路的情形比较常见，从实际路况看，危险性也没有达到与在高速公路上醉驾相当的程度，而且实践中常常引起认定争议，故予以删除。2023 年意见还删除了"使用伪造或者变造的机动车牌证"的从重情节，主要考虑是这种行为与醉酒驾驶的危险性并不直接相关，如果行为人有该类情节，公安交管部门可以依照道路交通安全法的有关规定予以行政处罚，而不应在入罪或者从重处罚时予以考虑。

2023 年意见保留并修改完善了 2013 年意见的 3 项从重情节规定。一是对 2013 年意见中"曾因酒后驾驶机动车受过行政处罚或者刑事追究"的从重处理情节，增加了"二年内（酒驾）""五年内（醉驾）"的期限限制。研究中有意见认为，曾经受过处罚再次酒驾醉驾，说明行为人不知悔改，主观恶性明显较大，因而不应当设定期限。但是，考虑到醉驾是一种日常型犯罪，有反复实施的现实可能性，要避免行为人"一次醉驾背负终身"，体现"给出路"、重挽救的导向。由于酒驾与醉驾的危险程度、恶劣程度不同，2023 年意见规定了不同的期限。二是将 2013 年意见中"驾驶载有乘客的营运机动车的"情节，修改为"驾驶机动车从事客运活动且载有乘客的"。主要考虑是将该款限于从事客运活动的机动车，排除非客运机动车，另外不再强调机动车"营运性"的形式属性，而是强调是否实质上从事"客运活动"。这样一来，就可以涵盖实践中出现的虽然不是营运机动车，但是从事载客服务（如私家车从事网约车、顺风车服务乃至"黑车"载客）的行为。当然，2023 年意见还是要求该类车辆被查处时要载有乘客，如果未载有乘客，则不作为从重处理情节看待。三是将 2013 年意见中的"无证驾驶"，修改为"未取得机动车驾驶证驾驶汽车的"。主要考虑是实践中查处的大量无证驾驶摩托车案件，而无证驾驶摩托车的原因较为复杂，不能完全归咎于行为人本身，故不宜将无证驾驶摩托车一概作为从重处理情节。此外，这里的"未取得机动车驾驶证"，是指自始未取得过机动车驾驶证，或者取得过驾驶证但与准驾车型不相符。被暂扣或者曾经取得过汽车驾驶证但因为各种原因被吊销、注销的，不属于这里规定的从重处理情形。主要考虑是要对没有经过正规驾驶培训而驾驶汽车的情形给予从重处理。

2023 年意见第 10 条第 15 项规定了"其他需要从重处理的情形"的兜底条款。对兜底条款的适用要严格解释，主要考虑是该款在特定条件下属于入罪情节，不能随意设定入罪情节，避免入罪的扩大化和法律适用的不平等。比如，有其他前科劣迹的，一般不作为醉驾的从重处理情节。在缓刑考验期、取保候审等期间醉酒驾驶的，一般也不作为醉驾入罪考量中的从重情节。如果符合撤销缓刑、变更强制措施条件的，依法予以撤销缓刑或者变更强制措施。当然在醉驾本来就已经构成犯罪，同时具有上述情节的，可以酌定从重处罚。

2.从宽处理情节设定

2013 年意见无从宽处理情节的规定。2023 年意见第 11 条规定了 4

项从宽处理情节，包括坦白、自首、立功，自愿认罪认罚，造成交通事故后赔偿损失或者取得谅解以及其他需要从宽处理的情节。研究认为，危险驾驶罪作为刑罚最轻的犯罪，在依法从严处理情节严重的醉驾行为的同时，要考虑适用刑法、刑事诉讼法规定的从宽处理情节，一律入刑、片面从重不符合法治精神，也不符合我们党一贯的"惩前毖后，治病救人"的刑事政策导向。坦白、自首、立功、自愿认罪认罚是刑法和刑事诉讼法规定的法定减轻、从轻、从宽处理情节。其中，认罪认罚虽然可能与坦白、自首有重合的部分，但是又不完全等同，应视为独立的从宽处理情节。除此之外，需要注意以下三个方面的问题。

第一，关于造成交通事故后赔偿损失或者取得谅解的从宽处理情节。在起草中，有意见认为，醉驾发生事故说明行为由抽象危险转化为现实损害，社会危害性大，因此，只要发生事故的，就应当一律入罪、起诉甚至判处实刑。也有意见认为，对发生危害后果的案件，我国刑法和刑事诉讼法向来鼓励行为人积极赔偿损失、修复损害，鼓励行为人与被害方达成和解、取得谅解，从而化解社会矛盾，修复社会关系。这在刑法条文、刑事诉讼程序（如当事人和解程序）以及诸多司法解释、其他司法规范性文件中都有体现，醉驾案件处理也应当遵循这种精神。我们同意后一种意见。对于因为醉驾造成交通事故，致使他人遭受人身损害或者财产损失，行为人积极赔偿损失、与被害人达成和解的，酌情予以从宽处理。这里需要注意两个问题。一是赔偿损失和取得谅解属于并列关系。如果行为人充分赔偿了损失，即使被害方未明确表示谅解，未出具谅解书或者达成和解协议，也不影响对犯罪嫌疑人、被告人从宽处理；如果行为人有赔偿意愿但是没有能力赔偿损失或者无法充分赔偿，但是被害方也表示谅解的，同样可以对犯罪嫌疑人、被告人从宽处理；如果在赔偿损失的同时也取得谅解，理所当然应当从宽处理。二是从宽处理的幅度。对于血液酒精含量相对较低，醉驾仅造成轻微财产损失或者轻微人身损伤（如磕破皮肤之类）的案件，如果行为人赔偿损失，双方达成和解、谅解的，可以给予较大的从宽处理幅度。

第二，关于其他需要从宽处理的情节。这一兜底条款主要适用于具有刑法、刑事诉讼法以及相关司法解释、其他司法规范性文件规定的从宽处理情节的案件，以及虽然没有明文规定，但是酌情从宽符合法理情，处理效果更好的案件。比如，刑法中的未成年犯、中止犯，以及司法实践中运用较多的一贯表现良好、初犯、偶犯、认罪悔罪态度较好等酌定从宽情节。

第三，关于同时具有从重和从宽处理情节的如何处理的问题。关键是依据刑法、刑事诉讼法以及最高司法机关量刑指导意见等规定所确定的量刑和处罚原则，实事求是、依法处理，做到罪责刑相适应和案件处理的"三个效果"统一。既不能因为只要有从重处理情节，即使有多项从宽处罚情节，也不体现从宽；也不能认为醉驾本身属于轻罪，搞"普遍从宽""一宽到底"。要综合两方面情节后，作出"总体上从宽"还是"总体上从严"的判断和处理。

## 二、关于醉驾案件办理的程序问题

（一）醉驾证据收集和审查

1. 醉驾证据的一般要求

醉驾案件虽然相对简单，但是在实务中也容易出现各种争议问题。在调研中，有意见认为，我国醉驾案件办理严格遵循刑事诉讼法规定，但是证据的收集要求过多过细，这与域外相对简单的交通犯罪的调查、审判、处理不同，应当尽量简化收集证据。也有意见认为，我国法律体系中犯罪的性质、后果与域外体系有根本不同，还是要严格按照刑事诉讼法规定的证明标准和证据要求办理案件。最后，综合研究认为，在坚持遵循我国刑事诉讼法的原则和规则基础上，考虑到醉驾案件属于微罪，事实相对简单且主要依靠血液酒精含量鉴定意见等客观证据定案，应当兼顾公正与效率，按照一般应当收集的证据和确有必要收集的证据明确证据收集要求，减少不必要的证据调取。

2023 年意见第 7 条第 1 款规定了一般应当收集的证据。2023 年意见第 7 条第 2 款主要针对有争议或者有事故等特殊情况，在收集第 7 条第 1 款规定证据的基础上，还要求收集第 2 款规定的相应证据。比如，一般刑事案件均有到案经过材料，但是醉驾案件绝大部分是现场查获，在公安机关的受案材料、起诉意见书等中均有体现，一般不涉及自首的认定等情况，因此也就没必要再单独出具一份到案经过材料。但是，如果是发生事故后报警或者在其他情境下查获，就有必要对犯罪嫌疑人到案情况进行专门说明，以便查清是否存在自首、坦白等情节。

2. 规范血检程序

血液酒精含量鉴定意见是醉驾案件定案的关键证据，是案件证据收集和审查的重中之重。在司法实践中，血液的提取、封装、保管、送检、鉴定过程容易出现争议，对有争议的问题认定处理也不尽一致。2023 年意见对血检程序无法做到面面俱到的详细规定。一方面，2023 年意见第 8 条第 1 款原则性规定，对犯罪嫌疑人血样提取、封装、保管、送检、鉴定等程序，按照公安部、司法部有关道路交通安全违法行为处理程序、鉴定规则等规定执行。另一方面，2023 年意见第 8 条第 2 款、第 3 款、第 4 款对容易引起争议的血样提取、封装录像、送检时间、出具鉴定意见时间等问题作了统一规定。2023 年意见比较重要的一项新增内容是要求对鉴定过程进行录音录像。

2023 年意见不仅重申了提取、封装血液样本过程必须全程录音录像，而且增加了鉴定过程录音录像的规定。在起草中，有意见提出，司法实务中存在鉴定造假的问题，因此应对鉴定过程同步录音录像，以避免出现舞弊枉法空间。也有意见认为，鉴定过程环节较多、持续时间较长，加之案件多且录像不宜保存，不建议对鉴定过程录音录像。最后，研究认为，血检程序在提取、封装、保存、送检环节都作了严格要求，对最后的鉴定环节增加录像规定，可以实现血样的全程监控、闭环管理，确保案件办理公平公正。考虑到鉴定机构的实际情况，2023 年意见将鉴定录像的范围限缩在鉴定人员使用检材的过程，主要是要求对"血液样品制备和仪器检测过程进行录音录像"。通过录像能够看到血样由封装状态解封、取样、添加试剂等操作到运用仪器设备开展检测的过程。鉴定过程录像主要是对鉴定人员使用检材的一种外部监督方式。鉴定机构可以采用在鉴定场所安装固定式监控设备等方式对鉴定过程进行全程的录像。鉴定录音录像也不需要同步移送办案机关，而是在当事人提出异议等情况下留案备查。2023 年意见未对录像留存的时间作出统一要求，需要由司法鉴定机构主管部门作出规范。从案件办理的角度讲，录像应当保存到案件办结前（比如二审结束）。

3. 瑕疵证据的采信规则

对血样的提取、封装、保管、送检、鉴定等环节未严格按照规定进行处理，相关证据是否还可以作为定案根据，司法实践中处理方式不一。既有予以排除以致无法定案的，也有经过补正和合理解释予以采信的，还有采信后予以从宽处理的。有意见认为，血液鉴定意见是醉驾定案最关键的证据，应当坚持最严格的要求，血液提取、封装、保管、送检中存在违反程序规定的，都应当予以排除。还有意见认为，血样作为物证与血液鉴定意见作为鉴定意见是两种不同的证据形式，适用不同的审查判断规则，不能将血样作为物证收集过程中的程序瑕疵与鉴定过程违反鉴定程序规定等混为一谈；作为物证的血样要遵循物证的证据审查认定规则，而血样的鉴定要遵循鉴定意见的审查认定规则。如果鉴定过程本身存在违反规定的情形，鉴定意见通常要直接予以排除，而按照刑事诉讼法第 56 条规定，收集证据不符合法定程序，适用瑕疵证据采信规则，并非一律排除；当然两者也不是绝对割裂的，比如血样的保管、送检通常涉及检材的同一性、是否被污染等问题。我们认可后一种意见。

通过总结司法经验，广泛征求意见，2023 年意见明确四种类型的证据为瑕疵证据，属于可补正的证据。一是血样提取、封装、保管不规范。这里的"不规范"是指取证行为未按照公安部《道路交通安全违法行为处理程序规定》以及刑事诉讼法、2023 年意见等规定规范进行，比较常见的如提取血样时使用醇类酒精消毒、没有进行同步录音录像、封装时缺少提取人签字等。以醇类酒精消毒为例，在不少案件中，通过侦查实验等方式证明醇类酒精消毒对血液的污染极小，甚至可以忽略不计，如果血液实测结果高出 80 毫克 /100 毫升较多或者达到 150 毫克 /100 毫升，不应将相关证据直接排除。二是未按规定的时间和程序送检、出具鉴定意见。2023 年意见规定的送检、出具鉴定意见时间要比《司法鉴定程序通则》《公安机关鉴定规则》等规定更严格，主要是为从严从快惩治醉驾而作出的特殊规定。但是，如果确实有正当理由无法在规定期限内完成，作出合理解释或者补正能够排除合理怀疑的，则相关证据可以采信。比如，在疫情防控等特殊时期，确实无法在 2023 年意见规定的最严格的时间内作出鉴定的，只要血样得到了妥善保管，综合其他证据可以确保血检结果的可信性，则可以作为证据采信。三是鉴定过程未同步录音录像。鉴定过程没有同步录音录像的采信规则与提取、封装过程未同步录音录像的情形相同。四是存在其他瑕疵或者不规范的取证行为。

对于上述瑕疵证据，虽然可以补正，但是需要说明两点。一是瑕疵证据补正后综合其他证据，要达到排除合理怀疑的程度。换言之，并不是所有不规范取证行为都可以在补正或者说明后被采信，还要具体问题具体分析，要结合其他证据着重审查补正和说明能否排除合理怀疑。比如，血液一般需要低温保存，如果长时间未低温保存，由于证据受到了极大影响，即使补正、说明也不足以确保血检结果的真实性、准确性，相关证据应当予以排除。二是瑕疵证据可以补正，并不意味着可以随意、故意突破取证规范。相关部门对瑕疵取证行为要按照自身职责和职权予以纠正，要求相关人员予以改正，杜绝再次发生。比如，检察机关对相关瑕疵取证、违法取证即使通过补正和合理说明予以采信，也要通过口头或者书面的方式进行纠正。

**（二）醉驾案件办理的诉讼程序**

近年来，醉驾案件在基层公安司法机关办理的刑事案件中占比较高，严格按照普通刑事案件的办理程序办理，会耗费较多的执法司法资源。在调研中也发现，不少地方醉驾案件侦查、起诉、审判耗时较长，容易滋生干预过问司法办案等廉政风险。2023 年意见的制定单位在完善醉驾案件办理程序、提升诉讼效率方面达成共识。考虑到醉驾属于微罪，绝大部分案情、证据较为简单，符合刑事诉讼法规定的速裁程序的适用条件，有必要在遵循法定程序、保障当事人权利、确保案件质量的前提下建立快速办理机制，简化办案手续、文书，提升办案效率。2023 年意见第 21 条至第 26 条规定了醉驾案件快速办理的相关程序规则。

1. 快速办理机制的案件适用范围

2023 年意见第 22 条明确了快速办理机制适用的案件范围，即符合下列条件的醉驾案件，一般应当适用快速办理机制：现场查获，未造成交通事故的；事实清楚，证据确实、充分，法律适用没有争议的；犯罪嫌疑人、被告人自愿认罪认罚的；不具有刑事诉讼法第 223 条规定情形（不适用速裁程序的情形）的。按照该规定，对调取特定证据周期较长、需要进行事故认定、人伤财损鉴定、矛盾化解等相对复杂、争议较大、耗时相对较长的案件，可以不适用快速办理机制，按照正常程序办理，而没有上述特殊情形的原则上都适用快速办理机制。快速办理机制与速裁程序的关系是，速裁程序主要是法院的审理程序，检察环节也可以适用速裁程序，但是对侦查环节则没有要求，醉驾案件快速办理机制是在速裁程序基础上，对侦、诉、审三个阶段办案均提出了要求。

2. 快速办理机制的办案期限

关于适用快速办理机制的期限，研究中也有不同的意见和方案。有意见认为，考虑到不同地区、不同案件的差异性，设定统一的办案期限并不现实。也有意见认为，如果不设定办案期限，快速办理机制无法落地，办案周期较长、拖延办案的问题无法得到根本解决。此外，设定多长的办案期限也存在争议。在调研中发现，有的地方探索了醉驾案件48小时速裁机制，有的地方在拘留后的7日内完成侦、诉、审工作，有的地方公安机关在案发后5个工作日内就能将案件移送审查起诉。故有的意见建议设置较短的办案期限，比如7日、10日、15日等。最终，2023年意见第23条规定，公检法机关一般应当在立案侦查之日起30日内完成侦、诉、审工作。

之所以如此规定，一是我们认为，快速办理机制总体上应当在刑事诉讼法规定的速裁程序框架内设计。按照刑事诉讼法有关规定，适用速裁程序的案件，审查起诉期限一般为10日，审理期限一般为10日。2023年意见规定的30日的总办案期限与刑事诉讼法的规定相协调。二是要注重加强犯罪嫌疑人、被告人诉讼权利保护，保证案件办理质量。醉驾案件毕竟是刑事案件，设置过短的办案期限，影响犯罪嫌疑人、被告人行使辩护权等权益；而对于公检法机关而言，过短的办案期限通常也不利于保障办案质量。总之，要兼顾公正与效率。这里的30日是适用快速办理机制的最长办案期限，地方公安司法机关可以根据本地的实际情况，比如根据公安执法办案中心的设置、公检协作配合机制、速裁法庭设置、人员配备等情况，确定侦诉审各阶段的办案时长。此外，最长办案期限，主要适用于需要提起公诉的案件；对于要撤销案件、相对不起诉的案件，考虑到要从事社会公益服务、内部审批审核、检察听证等程序，为了确保效果，则可以根据实际情况不受快速办理机制确定的期限的限制。当然，为了当事人早日摆脱讼累，节约执法司法资源，对醉驾案件的办案期限不宜拖得过长。

3.简化办案手续

刑事诉讼法在设置速裁程序时，对审理程序进行了适当简化，但是对侦查、起诉环节办案流程并没有作出规定。研究认为，办理醉驾案件如果要提高诉讼效率，有必要在刑事诉讼法框架下进一步简化办案手续。2023年意见在这方面重点进行了以下两个方面优化。

一是一般情况下不再要求换保。2023年意见第24条规定，案件移送至审查起诉或者审判阶段时，取保候审期限尚未届满且符合取保候审条件的，受案机关可以不再重新作出取保候审决定，由公安机关继续执行原取保候审措施。《人民检察院刑事诉讼规则》（高检发释字〔2019〕4号）第103条、最高人民法院《关于适用〈中华人民共和国刑事诉讼法〉的解释》（法释〔2021〕1号）第162条均规定，对需要继续取保候审的，都要求重新作出取保候审决定。2023年意见结合醉驾案件程序推进快、周期短的特点，对以上司法解释的规定作出适当调整，具体有以下考虑。一方面，调研中普遍反映，醉驾案件量大，且案情相对简单，又要求适用速裁程序，重新取保需要找保证人、重新出具文书、送达公安机关执行等，在审查起诉、审判期限短，人手紧张的情况下，消耗了大量的执法司法资源。而公安机关在侦查阶段办理的取保措施时间足够办完全案，况且重新作出的决定一般最终还是由原公安机关执行，执行机关没有变化，重新取保对绝大部分醉驾案件显得多余。另一方面，上述司法解释的规定在不少地区也未实际执行。调研中了解到，有的地区在办理醉驾案件（甚至包括其他案件）中，没有按照规定执行重新办理取保手续的规定，主要原因也是人手、时间紧张，办不过来。因此，如果要想对醉驾等微罪案件真正实现简案快办、繁简分流，有必要实事求是作一些突破，即对醉驾这类适用快速办理机制的案件，起诉、审判机关可以不再作出取保候审决定。当然，如果在法定期限内无法办结的，后一办案机关应当及时办理新的取保手续。

二是拟判处缓刑案件一般不需要作社会评估。2023年意见第25条规定："对醉驾被告人拟提出缓刑量刑建议或者宣告缓刑的，一般可以不进行调查评估。确有必要的，应当及时委托社区矫正机构或者有关社会组织进行调查评估。受委托方应当及时向委托机关提供调查评估结果。"主要考虑是，一方面，调研中不少办案人员反映，醉驾行为人的社会危险性相对较低，对大部分人没有必要调查对当地的社会影响等情况。另一方面，案件量大，部分地区社区矫正机构人手紧张，不少调查流于形式，反馈意见也不及时，影响办案进度。此外，法律没有要求对适用缓刑的案件必须进行社会调查评估。因此，对醉驾案件一般情况下无须作调查评估。当然，被告人背景情况复杂、有前科劣迹的，则有必要按照相关规定进行调查评估，以进一步确定判处缓刑和进行社区矫正是否适当。

### 三、关于醉驾案件的综合治理问题

2023 年意见制定单位普遍认为，对醉驾这样的日常型犯罪，打击惩罚这一手不能放松，但"一罚了之"不是最佳方案、治本之策，源头预防、综合治理这一手不可或缺。2023 年意见第 27 条至第 29 条分别从普法宣传、协同治理和教育改造等方面对办案机关以及其他单位加强醉驾综合治理提出要求。除此之外，着眼于采取多种方式强化综合治理、诉源治理，从源头上预防和减少酒后驾驶行为的发生，2023 年意见创新规定了自愿参与公益服务措施，并完善了醉驾案件非刑罚处罚手段。

#### （一）自愿参与社会公益服务

近年来，执法司法机关不断深化对醉驾治理规律的认识，探索更好的案件办理和犯罪预防举措。在调研中了解到，多个省市公安、检察机关探索"认罪认罚＋社会公益服务＋醉驾不起诉"的办案模式，对情节轻微的醉驾案件，将犯罪嫌疑人自愿参与社会公益服务作为考察其认罪认罚、悔罪悔过情况的重要依据。从实践看，让行为人在自愿参加公益服务中提升社会责任感，更好回归社会，可以有效预防被不起诉人再犯，同时充实基层社会治理力量，实现从治罪到治理的转变。在前期调研中，地方上不少部门和基层代表建议总结吸收该类探索经验。

2023 年意见吸收上述意见，在第 18 条专门规定"……可以将犯罪嫌疑人、被告人自愿接受安全驾驶教育、从事交通志愿服务、社区公益服务等情况作为作出相关处理的考量因素"。准确把握该规定要注意以下几点。一是社会公益服务主要适用于情节显著轻微、情节轻微以及判处缓刑（包括定罪免罚）的案件。二是犯罪嫌疑人、被告人自愿参与的活动主要包括接受安全驾驶教育、从事交通志愿服务、社区公益服务。其中，接受安全驾驶教育主要是指在办案机关等部门的安排下学习交通安全法规并测试、观看警示教育片等，有的地方安排行为人观摩交通类案件庭审、交通事故急救现场等也是可取的方式。交通志愿服务和社区公益服务主要是在公安交管部门、社区等基层组织、社会公益机构的安排下从事道路秩序维护、协管、交通安全宣传以及社区敬老、环境维护等公益活动。三是参与社区公益活动等必须是行为人的自愿行为。行为人参加这些活动并不是对行为人的惩戒、惩罚。办案机关在办理案件中应当向行为人讲明办案机关作出相应处理主要考虑的因素，说明行为人可以通过自愿从事公益服务等接受考察，由行为人自己选择是否参与。四是行为人从事公益服务的表现等情况是作出相应处理的考量因素。主要通过上述行为考察行为人的"认错悔过""认罪悔罪""悔罪表现"等，这些情况是作出相应处理的依据之一。如果行为人在自愿从事交通志愿服务期间，不服从工作安排、迟到早退、表现懒散以及有其他不良表现的，可以认为行为人的规则意识差、悔错悔罪意识不强，对其不适用撤销案件、不起诉或者判处缓刑（免予刑事处罚）的处理。

（二）醉驾案件的行政处罚措施

为了强化对被不起诉人、免予刑事处罚人的教育惩戒，2023 年意见第 19 条规定："对犯罪嫌疑人、被告人决定不起诉或者免予刑事处罚的，可以根据案件的不同情况，予以训诫或者责令具结悔过、赔礼道歉、赔偿损失，需要给予行政处罚、处分的，移送有关主管机关处理。"该规定的依据是刑法第 37 条、刑事诉讼法第 177 条第 3 款、《人民检察院刑事诉讼规则》(高检发释字〔2019〕4 号)第 373 条等规定。虽然法律已有这些规定,但是司法实践中执行得并不充分。

尤其是对撤销案件、不起诉、免予刑事处罚的醉驾案件,能否以及应当予以何种行政处罚,实践中一直存有争议。根据道路交通安全法第 92 条第 2 款的规定,公安机关可以对驾驶人科处吊销驾驶人机动车驾驶证,且 5 年内不得重新取得机动车驾驶证的行政处罚。这一规定在实践中执行得较好,有争议的是对醉驾案件能否适用酒驾的行政处罚措施。有观点认为,2011 年醉驾入刑后,道路交通安全法删除了醉驾案件给予行政拘留和罚款的处罚规定,且醉驾与酒驾属于不同的法律概念,因此对醉驾案件已经没有适用上述两项行政处罚的法律基础。也有观点认为,我国刑事诉讼法规定对不起诉、免予刑事处罚的人,需要给予行政处罚、处分的,移送有关主管机关处理,这里的行政处罚、处分所针对的行为包括行为人构成犯罪但是没有追究刑事责任的行为;醉酒后驾驶机动车属于严重的饮酒后驾驶机动车行为,两者仅仅是血液酒精含量存在不同,仅仅是量的差异,在行为的性质上并没有本质差异;按照"举轻以明重"的当然解释原理,对醉驾案件在不立案、不起诉、免罚后适用酒驾的行政处罚措施是有法律依据的。

我们认可后一种意见。根据 2023 年意见第 20 条第 1 款的规定,醉驾属于严重的饮酒后驾驶机动车行为。血液酒精含量达到 80 毫克 /100 毫升以上,公安机关应当在决定不予立案、撤销案件或者移送审查起诉前,给予行为人吊销机动车驾驶证的行政处罚。对于公安机关适用刑法第 13 条但书规定不立案的案件,公安机关还应当按照道路交通安全法规定的饮酒后驾驶机动车的相应情形,给予行为人罚款、行政拘留的行政处罚。该条要求,公安机关在办理醉驾案件时,可以先吊销行为人的机动车驾驶证,然后对于按照规定撤销案件或者不予立案的醉驾案件,还要按照酒驾的相应处罚规定予以行政处罚。对于饮酒后驾驶机动车,道路交通安全法第 91 条根据不同情形规定了罚款、行政拘留(二次酒驾、酒后驾驶营运机动车）等处罚。按照该规定，如果是首次醉驾，则给予罚款。如果是二次醉驾或者之前有过一次酒驾记录，则应当并处罚款和行政拘留。如果是醉酒驾驶营运机动车的，也应当并处罚款和行政拘留。

根据 2023 年意见第 20 条第 2 款的规定，人民法院、人民检察院适用刑法第 13 条但书规定不起诉、判决无罪或者相对不起诉、免予刑事处罚的案件，对被不起诉人、被告人需要予以行政处罚的，应当提出检察意见或者司法建议，移送公安机关依照前款规定处理。公安机关应当将处理情况通报人民法院、人民检察院。对于该类案件，在不起诉、定罪免罚的司法程序处理完后，公安机关根据人民检察院、人民法院的意见或者建议，给予行为人相应的行政处罚。这里需要说明的是，具体给予何种行政处罚措施，要根据案件的具体情况而定。比如，行为人已经被先行拘留，即使按照道路交通安全法可以予以行政拘留，也没有必要再建议公安机关予以行政拘留处罚，仅建议予以罚款处罚即可。

## 四、2023 年意见对完善我国轻罪治理体系的启示

随着我国刑法不断扩张、犯罪形势和结构不断变化以及刑事法制体系健全完善，如何加强和改进轻罪治理成为推动国家治理体系和治理能力现代化的必答题。醉驾案件属于典型的轻微犯罪，2023 年意见的出台和施行，为我们推动完善轻罪治理体系提供了样本。

一是实体入罪上准确把握罪与非罪界限，合理划定犯罪圈。从司法层面讲，在准确理解适用刑法有关罪名时，尤其是以行政犯为主体的轻微犯罪，要注意我国法律制裁体系自身的特点。我国施行违法与犯罪、行政处罚与刑事处罚的二分，这与域外法律制裁体系有根本性差别。不论英美法系还是大陆法系，多数不区分违法与犯罪，尤其是对需要科处限制人身自由处罚的行为均作为犯罪处理，由司法机关裁决；而在犯罪体系中又区分重罪、轻罪以及违警罪，施行犯罪分层制度。也就是说，我国的治安处罚中关于罚款或拘留的处罚在域外多属于刑法调整范围，

反过来域外作为犯罪处理的，尤其是很多轻罪、微罪，是与我国治安处罚、行政处罚相对应的。因此，域外入罪标准与我国入罪标准要系统对照，不能机械对照，不能认为域外对某种行为的入罪标准很低（比如域外不少国家规定醉驾血液酒精含量达到 30 毫克 /100 毫升、50 毫克 /100 毫升就构成犯罪），我们也要确定如此低的入罪标准。我们要考虑我们还有行政处罚体系，甚至可以说，行政处罚体系是我国行为规制的基础体系（多数行为都是依靠行政处罚体系处理的），逾越这一体系一概入罪处理可能从根本上改变我国的二元制裁体系。二元制裁体系对保持我国刑法的谦抑性具有制度支撑作用，即使某行为不按照犯罪处理，也可以归入行政处罚体系中予以妥善规制。

在划定罪与非罪界限时，要回到我国刑法关于犯罪的界定即刑法第 13 条规定上来，以社会危害性、刑事违法性、应受惩罚性作为是否成立犯罪的基本依据，发挥刑法总则关于犯罪的界定对刑法分则规定的个罪的解释适用的约束作用。我国刑法第 13 条但书规定为行政犯的限制入罪提供了法律依据，刑法第 13 条规定的犯罪概念中的"社会危害性""应受刑罚惩罚性"本质上都是一种"价值判断"，既能指导具体的构成要件解释，也能为司法办案中的个案裁量提供依据和空间。[1]醉驾新的入罪标准的确立就很好地发挥了刑法第 13 条但书规定在解释刑法分则条款时的约束和指导作用。刑法第 13 条但书规定的适用，能够划定合理的犯罪圈，形成行政处罚与刑事处罚相互衔接、梯次递进的体系。

二是在政策把握上要全面准确贯彻宽严相济刑事政策，对轻微犯罪依法少捕慎诉慎押。宽严相济刑事政策是我国的基本刑事政策，适用于包括轻罪案件在内的所有案件。轻罪案件适用宽严相济刑事政策也有其自身的特点。考虑到轻罪的罪质较轻，危害性相对小（有的危害可恢复

---

[1]　参见苗生明、杨先德：《论行政犯的处罚原则及其实践》，载《政法论坛》2023 年第 2 期，第 92 页。

性也比较强），涉案人员涉及面较广，而在我国的治理体系中，轻罪入罪的附随后果与重罪基本上没有什么本质区别，对轻罪案件应当更加充分地贯彻宽严相济刑事政策，把依法少捕慎诉慎押作为办理轻微犯罪案件的具体工作要求。需要强调的是，即使是轻罪，也要区分犯罪情节严重、恶劣程度，避免"一律起诉"或者"一宽到底"两个极端倾向，做到区别处理、实现个案公正。

三是在程序上进一步完善与轻罪案件相适应的诉讼程序体系。一方面，应当进一步完善以普通、简易、速裁程序为框架的多层次诉讼程序体系，建立更加符合轻罪案件办理实际的诉讼程序，将诉讼程序的优化从审判环节向起诉、侦查环节延伸。另一方面，将更多的治理因素融入案件办理程序中，发挥诉讼程序的规制、教育、惩戒作用，而不是形式地、机械地走程序、办结案件。比如，即使最终未定罪处罚的案件，也可以通过程序性的规则让行为人受教育、知敬畏，防范再犯。

四是更加重视综合治理。轻罪案件通常是日常型、高发型犯罪，且行为人的人身危险性、主观恶性相对较低，行为人的可教育、可改造性较强，教育预防的效果通常较好。因此，公安司法机关应当将源头预防和综合治理工作置于与司法办案同样重要的位置。比如，更好践行新时代"枫桥经验"，更加充分落实普法责任制，更加充分运用检察建议、司法建议机制，将自愿参加公益服务、公益修复、和解谅解作为办理轻罪案件的必经程序和手段，实现治罪与治理的并重。

第三部分

条文释义

# 最高人民法院　最高人民检察院　公安部司法部关于办理醉酒危险驾驶刑事案件的意见

为维护人民群众生命财产安全和道路交通安全，依法惩治醉酒危险驾驶（以下简称醉驾）违法犯罪，根据刑法、刑事诉讼法等有关规定，结合执法司法实践，制定本意见。

## 【制定背景】

2011 年 5 月，《刑法修正案（八）》增设了危险驾驶罪，在道路上醉酒驾驶机动车（以下简称醉驾）是其中一种危险驾驶行为。最高人民法院、最高人民检察院、公安部于 2013 年 12 月印发的《关于办理醉酒驾驶机动车刑事案件适用法律若干问题的意见》（以下简称"2013 年意见"），对明确醉驾认定标准、规范案件办理程序起到了积极作用。醉驾入刑以来，各地坚持严格执法、公正司法，依法惩治酒驾醉驾违法犯罪行为，有力维护了人民群众生命财产安全和道路交通安全，酒驾醉驾百车查处率明显下降，酒驾醉驾导致的恶性交通死亡事故大幅减少，"喝酒不开车，开车不喝酒"的法治观念逐步成为社会共识，酒驾醉驾治理成效显著。

党的十八大以来，以习近平同志为核心的党中央领导人民续写了经济快速发展和社会长期稳定两大奇迹，人民群众获得感、幸福感、安全感不断增强，执法司法理念、社会治理能力也在与时俱进。如何助力更高水平的平安中国建设，更好地发挥刑罚在社会治理中的作用，更好地落实严格执法、公正司法，十年来，各地在依法惩治酒驾醉驾方面进行了有益探索，积累了丰富的司法经验。同时，在醉驾案件办理中也遇到一些新情况、新问题，对"2013年意见"进行补充完善很有必要，条件也已经成熟。为深入贯彻习近平法治思想，根据新形势新变化新要求，积极回应社会关切，在中央政法委组织领导下，最高人民法院、最高人民检察院、公安部、司法部总结各地经验，经深入调研、共同协商，听取司法实务人员和专家学者意见建议，并征求全国人大常委会法制工作委员会意见，制定了《关于办理醉酒危险驾驶刑事案件的意见》（以下简称《意见》）。

**【相关规定】**

《中华人民共和国刑法修正案（八）》

二十二、在刑法第一百三十三条后增加一条，作为第一百三十三条之一："在道路上驾驶机动车追逐竞驶，情节恶劣的，或者在道路上醉酒驾驶机动车的，处拘役，并处罚金。

"有前款行为，同时构成其他犯罪的，依照处罚较重的规定定罪处罚。"

# 一、总体要求

**第一条**

人民法院、人民检察院、公安机关办理醉驾案件，应当坚持分工负责，互相配合，互相制约，坚持正确适用法律，坚持证据裁判原则，严格执法，公正司法，提高办案效率，实现政治效果、法律效果和社会效果的有机统一。人民检察院依法对醉驾案件办理活动实行法律监督。

**第二条**

人民法院、人民检察院、公安机关办理醉驾案件，应当全面准确贯彻宽严相济刑事政策，根据案件的具体情节，实行区别对待，做到该宽则宽，当严则严，罚当其罪。

**第三条**

人民法院、人民检察院、公安机关和司法行政机关应当坚持惩治与预防相结合，采取多种方式强化综合治理、诉源治理，从源头上预防和减少酒后驾驶行为发生。

## 【制定原则】

《意见》落实落细"四个坚持"。坚持人民至上，将维护人民群众生命财产安全置于首位，同时对醉驾情节轻微的初犯给予改过自新的机会。坚持严格执法、公正司法，进一步统一执法司法标准、规范执法办案，做到有法可依、有法必依、执法必严、违法必究。处理具体案件实事求是、不枉不纵、宽严相济、法理情融合，确保办案取得良好的政治效果、法律效果和社会效果。坚持系统思维，兼顾惩治与预防、公正与效率、刑罚手段与非刑罚手段的协调性。不仅关注醉酒危险驾驶犯罪的刑罚惩治，也注重因醉驾构成交通肇事罪、以危险方法危害公共安全罪等更严重犯罪的刑罚惩治。坚持综合治理，运用刑罚手段惩治醉驾的同时，也重视源头治理、综合施策，协同党政机关、行业协会、企事业单位以及公民个人，齐抓共管、群防群治，共同做好各环节的预防、治理工作。

上述起草原则贯彻于《意见》起草工作和文本始终。《意见》提出了办理醉驾案件和醉驾治理要坚持严格依法办案、贯彻宽严相济、强化综合治理的总体要求。一是严格依法办案。公检法机关办理醉驾案件，应当坚持分工负责，互相配合，互相制约，坚持证据裁判原则，正确适用法律，严格执法，公正司法，提高办案效率，实现政治效果、法律效果和社会效果的有机统一。同时要加强人民检察院依法对醉驾案件办理活动的法律监督。二是贯彻宽严相济刑事政策。公检法机关办理醉驾案件，应当全面准确贯彻宽严相济刑事政策，根据案件的具体情节，实行区别对待，做到该宽则宽，当严则严，罚当其罪。三是强化综合治理。公检法司机关应当坚持惩治与预防相结合，采取多种方式强化综合治理、诉源治理，从源头上预防和减少酒后驾驶行为发生。上述要求既是对醉驾案件办理和醉驾治理工作的总体要求，也在《意见》具体条文中有充分体现。

# 二、立案与侦查

> **第四条**
>
> 在道路上驾驶机动车，经呼气酒精含量检测，显示血液酒精含量达到 80 毫克 /100 毫升以上的，公安机关应当依照刑事诉讼法和本意见的规定决定是否立案。对情节显著轻微、危害不大，不认为是犯罪的，不予立案。
>
> 公安机关应当及时提取犯罪嫌疑人血液样本送检。认定犯罪嫌疑人是否醉酒，主要以血液酒精含量鉴定意见作为依据。
>
> 犯罪嫌疑人经呼气酒精含量检测，显示血液酒精含量达到 80 毫克 /100 毫升以上，在提取血液样本前脱逃或者找人顶替的，可以以呼气酒精含量检测结果作为认定其醉酒的依据。
>
> 犯罪嫌疑人在公安机关依法检查时或者发生道路交通事故后，为逃避法律追究，在呼气酒精含量检测或者提取血液样本前故意饮酒的，可以以查获后血液酒精含量鉴定意见作为认定其醉酒的依据。

## 【条文释义】

本条规定了醉驾刑事立案标准及醉酒认定的依据。

（一）关于立案标准

《意见》第 4 条第 1 款规定，在道路上驾驶机动车，经呼气酒精含量检测，显示血液酒精含量达到 80 毫克 /100 毫升以上的，公安机关应当依照刑事诉讼法和本《意见》的规定决定是否立案。对情节显著轻微、危害不大，不认为是犯罪的，不予立案。

要从三个方面把握立案新规定：一是醉酒标准并未变化，仍是血液酒精含量达到 80 毫克 /100 毫升。二是经过呼气检测显示，行为人的血液酒精含量达到 80 毫克 /100 毫升以上，就存在犯罪嫌疑，是否按照刑事案件立案，还要按照包括《中华人民共和国刑事诉讼法》《公安机关办理刑事案件程序规定》以及《意见》等有关规定开展进一步调查核实和认定判断，符合立案条件的依法立案，不符合立案条件的不予立案。三是明确情节显著轻微、危害不大的，不予立案。按照《公安机关办理刑事案件程序规定》第 178 条规定，犯罪事实显著轻微不需要追究刑事责任的，不予立案。对属于情节显著轻微、危害不大，《意见》第 12 条作了明确规定。

（二）关于醉酒认定的依据

1. 主要以血液酒精含量鉴定意见作为依据。《意见》第 4 条第 2 款规定，公安机关应当及时提取犯罪嫌疑人血样送检。认定犯罪嫌疑人是否醉酒，主要以血液酒精含量鉴定意见作为依据。人体内的血液酒精含量会随着代谢减退，因此提取血样必须"及时"，在具备条件的情况下要"立即"提取血样。比如在现场由法医或者医务人员提取，无法在现场提取的，应当立即前往医院等有条件的地方提取血样。提取血样的及时性不仅涉及证据的准确性、客观性问题，也涉及执法司法的公平性、公正性问题，因此提取血样是否及时是检察机关办理案件的重点审查内容。对于从被现场查处到提取血样间隔时间明显较长的，要查明原因，必要时需要侦查机关作出说明。

"2013 年意见"规定，血液酒精含量检验鉴定意见是认定犯罪嫌疑人是否醉酒的依据，《意见》调整为"主要以血液酒精含量鉴定意见作为依据"。也就是说，血液酒精含量鉴定意见并非认定醉酒的唯一依据，如此修改的主要原因是针对实践中存在极少数特定情形，没有血液酒精含量鉴定意见的也可以定案。如《意见》第 4 条第 3 款规定的呼气后脱逃的情形以及血检结果虽然被排除，但是有呼气检测结果以及结合其他证据能够排除合理怀疑证明犯罪嫌疑人、被告人确实醉酒的情形。需要说明的是，考虑到受到多种因素影响，呼气酒精检测结果的稳定性、精确度还不够高，呼气酒精检测结果作为醉驾认定的依据属于特例，在实践中认定要特别慎重。

2. 以呼气酒精含量检测结果定案的情形。《意见》第4条第3款规定，犯罪嫌疑人经呼气酒精含量检测，显示血液酒精含量达到80毫克/100毫升以上，在提取血样之前脱逃或者找人顶替的，可以以呼气酒精含量检测结果作为认定其醉酒的依据。该款主要适用于呼气酒精检测后，行为人脱逃或者找人顶替，没有再对行为人进行血检，导致没有血液酒精含量鉴定意见作为定案依据的情形。相较于"2013年意见"，该款增加了呼气酒精检测后，行为人"找人顶替"的情形。如行为人现场进行呼气酒精检测后，谎称他人是驾驶人或者他人表示自己才是真正驾驶人，公安机关未再提取本人血液，事后查明存在"顶包"情况，此时已经丧失提取血样的条件或者因为"顶包"行为导致提取血液为时过晚。在上述两种情况下，行为人逃避惩处的意图明显，应当承担逃避惩处的不利后果，《意见》结合呼气酒精检测结果和其他证据认定其是否构成醉酒，符合证明标准，也有利于遏制这种行为发生。

3. 二次饮酒情形的认定处理。《意见》第4条第4款规定，犯罪嫌疑人在公安机关依法检查时或者发生道路交通事故后，为逃避法律追究，在呼气酒精含量检测或者提取血样前故意饮酒的，可以以查获后血液酒精含量鉴定意见作为认定其醉酒的依据。相较于"2013年意见"，对呼气酒精检测和提取血液前故意饮酒的，增加了发生交通事故后故意饮酒的情形。主要是针对实践中出现的，行为人醉驾肇事后，民警到达现场前或者到达现场后，行为人为逃避法律追究，在现场或者逃离现场在其他地方故意饮酒的，如何认定处理的问题。在这两种情况下，行为人一般情况下本就已经饮酒，只是企图以二次饮酒的方式制造事实不清的乱象，从而逃避法律追究。此时，因为已经无法还原再次饮酒前的实际饮酒状况，导致对再次饮酒前是否属于醉酒存在疑问。

在这个问题上，《意见》延续了"2013年意见"的认定思路，如果最终实测的血检结果达到80毫克/100毫升，就认定行为人属于醉酒。这本质上是一种司法推定，推定的前提是存在以下的基础事实：一是确实有证据证明行为人之前已经饮酒。这一点可以结合犯罪嫌疑人供述、共同饮酒人员证言、饮酒场所监控视频、目击证人证言等综合判断。二是主观上是为了逃避法律追究。这种逃避法律追究的心理状态是从行为人的具体行为表现中推断出来的。在规定的这两种情形中，行为人已经知道其要面临执法检查，其应当做的是配合检查、处理，而不应当做出再次喝酒的举动，如果做出这些举动就可以推断出其是为了逃避追究。三是再次饮酒后实测结果达到了80毫克/100毫升。

## 【相关规定】

《公安机关办理刑事案件程序规定》

第一百七十八条 公安机关接受案件后，经审查，认为有犯罪事实需要追究刑事责任，且属于自己管辖的，经县级以上公安机关负责人批准，予以立案；认为没有犯罪事实，或者犯罪事实显著轻微不需要追究刑事责任，或者具有其他依法不追究刑事责任情形的，经县级以上公安机关负责人批准，不予立案。

对有控告人的案件，决定不予立案的，公安机关应当制作不予立案通知书，并在三日以内送达控告人。

决定不予立案后又发现新的事实或者证据，或者发现原认定事实错误，需要追究刑事责任的，应当及时立案处理。

> **第五条**
>
> 　　醉驾案件中"道路""机动车"的认定适用道路交通安全法有关"道路""机动车"的规定。
>
> 　　对机关、企事业单位、厂矿、校园、居民小区等单位管辖范围内的路段是否认定为"道路",应当以其是否具有"公共性",是否"允许社会机动车通行"作为判断标准。只允许单位内部机动车、特定来访机动车通行的,可以不认定为"道路"。

## 【条文释义】

本条阐明道路和机动车如何认定。

（一）一般规定

"道路"和"机动车"均属于醉酒危险驾驶犯罪的构成要件事实,且系关键犯罪事实,在司法认定中也经常产生争议。《意见》第 5 条第 1 款规定,醉驾案件中"道路""机动车"的认定适用道路交通安全法有关"道路""机动车"的规定。该款属于参引性条款。危险驾驶属于行政犯,在具体的构成要件上一般情况下要从属于行政法规范的界定。道路交通安全法对"道路"和"机动车"均有界定,醉驾案件中的相关概念也要与其保持一致。

道路交通安全法第 119 条第 1 项规定,"道路",是指公路、城市道路和虽在单位管辖范围但允许社会机动车通行的地方,包括广场、公共停车场等用于公众通行的场所。道路交通安全法第 119 条第 3 项规定,"机动车",是指以动力装置驱动或者牵引,上道路行驶的供人员乘用或者用于运送物品以及进行工程专项作业的轮式车辆。

## （二）关于单位等管辖内的路段认定

在实践中，关于单位管辖范围内的路段的属性认定常发生争议。在充分总结近年来的司法实践判例基础上，《意见》第5条第2款规定，对于机关、企事业单位、厂矿、校园、居民小区等单位管辖范围内的路段是否认定为"道路"，应当以其是否具有"公共性"，是否"允许社会机动车通行"作为判断标准。只允许单位内部机动车、特定来访机动车通行的，可以不认定为"道路"。这里的"公共性"包含着路段的开放性、车辆的不特定性等特征。这些特征决定了在该路段醉酒驾驶机动车对人民群众生命财产安全、公共安全会造成较大风险，与正常的公路、城市道路等并无本质区别。比如一些小区允许外来车辆自由进入或通过（有的在小区内停放的可能会收取一定费用），这类小区内的路段就具有开放性和通行车辆不特定的特征。

但是，对于只允许单位内部车辆、特定来访车辆通行的，因为开放性有限、通行的车辆数量也有限，与公路等"道路"不能等量齐观，不宜认定为危险驾驶罪中的"道路"。这里的"内部车辆"主要是指单位所有或者单位人员所有、管理、使用的车辆。关于"特定来访车辆"主要是指具有特定的来访目的，需要经过单位或单位内部人员以一定方式同意方能进入单位管辖路段的车辆。比如车辆进入需要在保安处登记、需经保安允许或者需告知小区业主并获得同意才能放行的，该类路段就不属于危险驾驶中的"道路"。当然，实践中，各个单位、小区的管理严格程度、管理方式不同，总的来说，对进出单位管辖路段有一定管理、限制的，认定为"道路"就需要慎重。对有争议的路段，可以结合知情人员证言、管理单位或者有关部门出具的证明、管理规范，乃至通过实地考察的方式予以判断认定。

**【相关规定】**

《中华人民共和国道路交通安全法》

第一百一十九条 本法中下列用语的含义：

（一）"道路"，是指公路、城市道路和虽在单位管辖范围但允许社会机动车通行的地方，包括广场、公共停车场等用于公众通行的场所。

（二）"车辆"，是指机动车和非机动车。

（三）"机动车"，是指以动力装置驱动或者牵引，上道路行驶的供人员乘用或者用于运送物品以及进行工程专项作业的轮式车辆。

（四）"非机动车"，是指以人力或者畜力驱动，上道路行驶的交通工具，以及虽有动力装置驱动但设计最高时速、空车质量、外形尺寸符合有关国家标准的残疾人机动轮椅车、电动自行车等交通工具。

（五）"交通事故"，是指车辆在道路上因过错或者意外造成的人身伤亡或者财产损失的事件。

**第六条**

对醉驾犯罪嫌疑人、被告人，根据案件具体情况，可以依法予以拘留或者取保候审。具有下列情形之一的，一般予以取保候审：

（一）因本人受伤需要救治的；

（二）患有严重疾病，不适宜羁押的；

（三）系怀孕或者正在哺乳自己婴儿的妇女；

（四）系生活不能自理的人的唯一扶养人；

（五）其他需要取保候审的情形。

对符合取保候审条件，但犯罪嫌疑人、被告人不能提出保证人，也不交纳保证金的，可以监视居住。对违反取保候审、监视居住规定的犯罪嫌疑人、被告人，情节严重的，可以予以逮捕。

**【条文释义】**

本条阐明强制措施如何适用。

《意见》基本沿用了"2013年意见"关于强制措施的规定。

（一）关于拘留和取保候审

《意见》第6条第1款规定，对醉驾犯罪嫌疑人、被告人，根据案件具体情况，可以依法予以拘留或者取保候审。具体是采取拘留还是取保候审强制措施由公安机关根据实际情况依法具体把握。为了体现对醉驾案件的从严打击，有的地方对醉驾案件除有不适合羁押等特殊情况的，对犯罪嫌疑人一般予以先行拘留。由于危险驾驶案件的法定刑为拘役，不符合逮捕的条件，在适用拘留后，一般并不需要提请逮捕，因此对醉驾案件适用拘留也要严格遵循法定的期限，不能造成超期羁押。按照刑事诉讼法第91条的规定，对醉驾犯罪嫌疑人一般只能拘留3日，在特殊情况下，延长1日至4日，最长也只能拘留7日。在《意见》起草过程中，有意见提出实践中有的地方对醉驾案件不区分情形一律先行拘留，对一些不适宜羁押的人也适用了拘留，不符合法律政策精神。为了避免出现这种情况，《意见》在"2013年意见"基础上规定了因本人受伤需要救治等5种一般予以取保候审的情形。

（二）关于监视居住和逮捕

《意见》第6条第2款规定，对符合取保候审条件，但犯罪嫌疑人、被告人不能提出保证人，也不交纳保证金的，可以监视居住。对违反取保候审、监视居住规定的犯罪嫌疑人、被告人，情节严重的，可以予以逮捕。该条规定的依据是刑事诉讼法第74条第2款、第81条第4款规定。尤其是逮捕的适用，可以根据最高法、最高检和公安部发布的相关司法解释和部门规章的具体规定执行，总体上从严把握逮捕条件。

## 【相关规定】

《中华人民共和国刑事诉讼法》

第七十四条 人民法院、人民检察院和公安机关对符合逮捕条件，有下列情形之一的犯罪嫌疑人、被告人，可以监视居住：

（一）患有严重疾病、生活不能自理的；

（二）怀孕或者正在哺乳自己婴儿的妇女；

（三）系生活不能自理的人的唯一扶养人；

（四）因为案件的特殊情况或者办理案件的需要，采取监视居住措施更为适宜的；

（五）羁押期限届满，案件尚未办结，需要采取监视居住措施的。

对符合取保候审条件，但犯罪嫌疑人、被告人不能提出保证人，也不交纳保证金的，可以监视居住。

监视居住由公安机关执行。

第八十一条 对有证据证明有犯罪事实，可能判处徒刑以上刑罚的犯罪嫌疑人、被告人，采取取保候审尚不足以防止发生下列社会危险性的，应当予以逮捕：

（一）可能实施新的犯罪的；

（二）有危害国家安全、公共安全或者社会秩序的现实危险的；

（三）可能毁灭、伪造证据，干扰证人作证或者串供的；

（四）可能对被害人、举报人、控告人实施打击报复的；

（五）企图自杀或者逃跑的。

批准或者决定逮捕，应当将犯罪嫌疑人、被告人涉嫌犯罪的性质、情节，认罪认罚等情况，作为是否可能发生社会危险性的考虑因素。

对有证据证明有犯罪事实，可能判处十年有期徒刑以上刑罚的，或者有证据证明有犯罪事实，可能判处徒刑以上刑罚，曾经故意犯罪或者身份不明的，应当予以逮捕。

被取保候审、监视居住的犯罪嫌疑人、被告人违反取保候审、监视居住规定，情节严重的，可以予以逮捕。

第九十一条　公安机关对被拘留的人，认为需要逮捕的，应当在拘留后的三日以内，提请人民检察院审查批准。在特殊情况下，提请审查批准的时间可以延长一日至四日。

对于流窜作案、多次作案、结伙作案的重大嫌疑分子，提请审查批准的时间可以延长至三十日。

人民检察院应当自接到公安机关提请批准逮捕书后的七日以内，作出批准逮捕或者不批准逮捕的决定。人民检察院不批准逮捕的，公安机关应当在接到通知后立即释放，并且将执行情况及时通知人民检察院。对于需要继续侦查，并且符合取保候审、监视居住条件的，依法取保候审或者监视居住。

**第七条**

办理醉驾案件，应当收集以下证据：

（一）证明犯罪嫌疑人情况的证据材料，主要包括人口信息查询记录或者户籍证明等身份证明；驾驶证、驾驶人信息查询记录；犯罪前科记录、曾因饮酒后驾驶机动车被查获或者行政处罚记录、本次交通违法行政处罚决定书等；

（二）证明醉酒检测鉴定情况的证据材料，主要包括呼气酒精含量检测结果、呼气酒精含量检测仪标定证书、血液样本提取笔录、鉴定委托书或者鉴定机构接收检材登记材料、血液酒精含量鉴定意见、鉴定意见通知书等；

（三）证明机动车情况的证据材料，主要包括机动车行驶证、机动车信息查询记录、机动车照片等；

（四）证明现场执法情况的照片，主要包括现场检查机动车、呼气酒精含量检测、提取与封装血液样本等环节的照片，并应当保存相关环节的录音录像资料；

（五）犯罪嫌疑人供述和辩解。

根据案件具体情况，还应当收集以下证据：

（一）犯罪嫌疑人是否饮酒、驾驶机动车有争议的，应当收集同车人员、现场目击证人或者共同饮酒人员等证人证言、饮酒场所及行驶路段监控记录等；

（二）道路属性有争议的，应当收集相关管理人员、业主等知情人员证言、管理单位或者有关部门出具的证明等；

（三）发生交通事故的，应当收集交通事故认定书、事故路段监控记录、人体损伤程度等鉴定意见、被害人陈述等；

（四）可能构成自首的，应当收集犯罪嫌疑人到案经过等材料；

（五）其他确有必要收集的证据材料。

## 【条文释义】

本条阐明收集相关证据的一般要求。

在调研、起草过程中，研究认为，虽然没有必要就醉驾案件证据收集进行全面、详细规定，但是要结合醉驾入刑以来的执法司法实践，对醉驾案件定案需要的证据进行梳理总结和概括分类，尤其是要对容易产生争议的关键证据（如血液酒精含量鉴定意见）及其收集、审查、认定进行统一、规范和明确，解决实践中遇到的难题。

《意见》第 7 条第 1 款规定了醉驾应当收集的证据，也就是证明醉驾犯罪事实和量刑情节等必备的证据。在当事人没有提出异议、案件事实没有争议或者没有其他特殊情况下，一起醉驾案件收集第 7 条第 1 款规定的证据即可，不用再收集和移送其他证据。比如说，如果现场查处时，通过现场视频等可以认定是犯罪嫌疑人驾驶的车辆，当事人也没有辩解不是其驾车，就没有必要再调取同车人员或者其他目击证人的证人证言。

应当收集的证据主要包括犯罪嫌疑人基本情况证据、醉酒检测鉴定证据、机动车情况证据、执法过程证据以及犯罪嫌疑人的供述和辩解。应当收集的证据也要注意简化收集方式和证据形式。比如，虽然现场查处、呼气检测、提取、封装血样都需要同步录音录像，但是一般情况下，公安机关收集和移送证据时，只要提供这些环节的照片证明相关事实即可。相关录音录像由公安机关留存备查，在产生争议、当事人等提出异议时再调取核查并移送审查。

《意见》第7条第2款主要针对有争议或者有事故等特殊情况的，在收集第7条第1款规定证据的基础上，还要求收集第2款规定的相应证据。比如到案经过材料，一般刑事案件均有到案经过材料，但是醉驾案件绝大部分是现场查处，在公安机关的受案材料、起诉意见书等材料中均有体现，一般不涉及自首的认定等情况，因此也就没必要再单独出具一份到案经过材料，但是如果是发生事故后报警或者其他情境下查获，就有必要对犯罪嫌疑人到案的情况进行专门说明，以便于查清是否存在自首、坦白等情节。

**第八条**

对犯罪嫌疑人血液样本提取、封装、保管、送检、鉴定等程序，按照公安部、司法部有关道路交通安全违法行为处理程序、鉴定规则等规定执行。

公安机关提取、封装血液样本过程应当全程录音录像。血液样本提取、封装应当做好标记和编号，由提取人、封装人、犯罪嫌疑人在血液样本提取笔录上签字。犯罪嫌疑人拒绝签字的，应当注明。提取的血液样本应当及时送往鉴定机构进行血液酒精含量鉴定。因特殊原因不能及时送检的，应当按照有关规范和技术标准保管检材并在五个工作日内送检。

鉴定机构应当对血液样品制备和仪器检测过程进行录音录像。鉴定机构应当在收到送检血液样本后三个工作日内，按照有关规范和技术标准进行鉴定并出具血液酒精含量鉴定意见，通知或者送交委托单位。

血液酒精含量鉴定意见作为证据使用的，办案单位应当自收到血液酒精含量鉴定意见之日起五个工作日内，书面通知犯罪嫌疑人、被告人、被害人或者其法定代理人。

## 【条文释义】

本条对血检程序的重点内容进行规范。

《意见》对血检程序无法做到面面俱到的详细规定。一方面，《意见》第 8 条第 1 款原则性规定，对犯罪嫌疑人血样提取、封装、保管、送检、鉴定等程序，按照公安部、司法部有关道路交通安全违法行为处理程序、鉴定规则等规定执行。另一方面，《意见》第 8 条第 2、3、4 款对以下几项内容做了重点规范。

一是提取、封装血液样本过程必须全程录音录像。"2013 年意见"对抽取血样过程规定的是"应当制作记录，有条件的，应当拍照、录音或者录像"。随着公安部大力推动执法规范化建设以及警务技术不断进步，佩戴使用执法记录仪等设备能够有效做到全程录音录像。为了进一步严格规范血液提取、封装，《意见》明确对这一过程应当全程录音录像。

二是血液样本提取、封装应当做好标记和编号，由提取人、封装人、犯罪嫌疑人在血液样本提取笔录上签字。犯罪嫌疑人拒绝签字的，应当注明。上述规定主要是确保提取的血样能够通过封装、标记、编号并由相关人员签字的方式固定化且做到可识别、不混淆。在研究过程中，有意见提出，提取、封装血样是否需要见证人并要求见证人签字的问题。

经研究认为，如果提取、封装过程中能够做到同步录音录像，则没有必要再安排见证人见证，如果无法做到同步录音录像，则有必要找见证人见证。

三是提取的血样应当及时送检，最长不得超过5个工作日。关于提取血样送检时间，近年来实践中遇到的争议较多，2011年公安部《关于公安机关办理醉酒驾驶机动车犯罪案件的指导意见》规定，不能立即送检的，可以在3日内送检。2020年公安部《道路交通安全违法行为处理程序规定》规定的是可以在5日（5个工作日）内送检。此次《意见》统一了送检时间，即因特殊原因不能及时送检的，应当在5个工作日内送检。

四是鉴定过程应当同步录音录像，并在3个工作日内出具鉴定意见。这里的"鉴定过程"主要是指鉴定人员使用检材的过程，主要是要求对血液样品制备和仪器检测过程进行录音录像。要通过录像能够看到血样由封装状态解封、取样、添加试剂等操作到运用仪器设备开展检测的过程。鉴定过程录像主要是对鉴定人员使用检材的一种外部监督方式。鉴定机构可以采用在鉴定场所安装固定式监控设备等方式对鉴定过程进行全程的录像。鉴定录音录像也不需要同步移送办案机关，而是在当事人提出异议等情况下留案备查。《意见》未对录像留存的时间作出统一要求，需要由司法鉴定机构主管部门作出规范，从案件办理的角度讲，录像应当保存到案件办结前（比如二审结束）。2011年公安部《关于公安机关办理醉酒驾驶机动车犯罪案件的指导意见》规定，对送检的血样，检验鉴定机构应当在3日内出具检验报告。此次《意见》结合实践情况，进一步统一明确鉴定机构自接收检材之日起，3个工作日内出具鉴定意见并通知或送交委托单位。

五是鉴定意见应当在5个工作日内书面通知犯罪嫌疑人、被告人、被害人或者其法定代理人。

## 【相关规定】

《道路交通安全违法行为处理程序规定》

第三十六条　对车辆驾驶人进行体内酒精含量检验的，应当按照下列程序实施：

（一）由两名交通警察或者由一名交通警察带领警务辅助人员将车辆驾驶人带到医疗机构提取血样，或者现场由法医等具有相应资质的人员提取血样；

（二）公安机关交通管理部门应当在提取血样后五日内将血样送交有检验资格的单位或者机构进行检验，并在收到检验结果后五日内书面告知车辆驾驶人。

检验车辆驾驶人体内酒精含量的，应当通知其家属，但无法通知的除外。

车辆驾驶人对检验结果有异议的，可以在收到检验结果之日起三日内申请重新检验。

具有下列情形之一的，应当进行重新检验：

（一）检验程序违法或者违反相关专业技术要求，可能影响检验结果正确性的；

（二）检验单位或者机构、检验人不具备相应资质和条件的；

（三）检验结果明显依据不足的；

（四）检验人故意作虚假检验的；

（五）检验人应当回避而没有回避的；

（六）检材虚假或者被污染的；

（七）其他应当重新检验的情形。

不符合前款规定情形的，经县级以上公安机关交通管理部门负责人批准，作出不准予重新检验的决定，并在作出决定之日起的三日内书面通知申请人。

重新检验，公安机关应当另行指派或者聘请检验人。

第九条

具有下列情形之一，经补正或者作出合理解释的，血液酒精含量鉴定意见可以作为定案的依据；不能补正或者作出合理解释的，应当予以排除：

（一）血液样本提取、封装、保管不规范的；

（二）未按规定的时间和程序送检、出具鉴定意见的；

（三）鉴定过程未按规定同步录音录像的；

（四）存在其他瑕疵或者不规范的取证行为的。

## 【条文释义】

本条阐明瑕疵证据的采信规则。

近年来，围绕醉驾案件中的证据问题争议较多，尤其是血样的提取、封装、保管、送检、鉴定等环节未严格按照规定进行处理，导致证据能否采信出现争议。《意见》明确 4 种类型的证据为瑕疵证据，属于可补正的证据。

一是血样提取、封装、保管不规范。这里的"不规范"是指取证行为未按照公安部《道路交通安全违法行为处理程序规定》以及刑事诉讼法、《意见》等规定规范进行。比较常见的如提取血样时使用醇类酒精消毒、没有进行同步录音录像，封装时缺少提取人签字等。以醇类酒精消毒为例，在不少案件中，通过侦查实验等方式证明醇类酒精消毒对血液的污染极小，甚至可以忽略不计，如果血液实测结果高出 80 毫克 /100 毫升或者150 毫克 /100 毫升较多，对于这种情况不应将相关证据直接排除。

二是未按规定的时间和程序送检、出具鉴定意见。《意见》规定的送检、出具鉴定意见时间要比《司法鉴定程序通则》《公安机关鉴定规则》等规定更严格，主要是为了从严从快惩治醉驾而作的特殊规定。但是如果确实有正当理由无法在规定期限内完成，作出合理解释或者补正，能够排除合理怀疑的，则相关证据可以采信。比如在疫情防控等特殊时期，确实无法在《意见》规定的最严格的时间内作出鉴定，只要血样按规范得到了妥善保管，综合其他证据可以确保血检结果的可信性，则可以作为证据采信。

三是鉴定过程未同步录音录像。鉴定过程没有同步录音录像的采信规则与提取、封装过程未同步录音录像的情形相同。

四是存在其他瑕疵或者不规范的取证行为。

对于上述瑕疵证据，虽然可以补正，但是需要说明两点。

一是瑕疵证据补正后要达到排除合理怀疑的程度。也就是说，并不是所有不规范取证行为都可以在补正或者说明后被采信，还要具体问题具体分析，着重看补正和说明能否排除合理怀疑。比如血液一般需要低温保存，如果长时间未低温保存，由于证据受到了极大影响，即使补正、说明也不足以确保血检结果的真实性、准确性，相关证据应当排除。

二是瑕疵证据可以补正，并不意味着可以随意、故意突破取证规范。公检法机关对瑕疵取证行为要按照自身职责和职权予以纠正，要求相关人员予以改正，杜绝再次发生。比如检察机关对相关瑕疵取证、违法取证，即使通过补正和合理说明予以采信，也要通过口头或者书面进行纠正。

# 三、刑事追究

**第十条**

醉驾具有下列情形之一，尚不构成其他犯罪的，从重处理：

（一）造成交通事故且负事故全部或者主要责任的；

（二）造成交通事故后逃逸的；

（三）未取得机动车驾驶证驾驶汽车的；

（四）严重超员、超载、超速驾驶的；

（五）服用国家规定管制的精神药品或者麻醉药品后驾驶的；

（六）驾驶机动车从事客运活动且载有乘客的；

（七）驾驶机动车从事校车业务且载有师生的；

（八）在高速公路上驾驶的；

（九）驾驶重型载货汽车的；

（十）运输危险化学品、危险货物的；

（十一）逃避、阻碍公安机关依法检查的；

（十二）实施威胁、打击报复、引诱、贿买证人、鉴定人等人员或者毁灭、伪造证据等妨害司法行为的；

（十三）二年内曾因饮酒后驾驶机动车被查获或者受过行政处罚的；

（十四）五年内曾因危险驾驶行为被判决有罪或者作相对不起诉的；

（十五）其他需要从重处理的情形。

**【条文释义】**

本条阐明关于刑事追究的从重处理情节。

（一）新增 5 项从重情节

相较于"2013 年意见"，《意见》新增 5 项从重处理情节。其中包括

"驾驶重型载货汽车的""运输危险化学品、危险货物的""驾驶机动车从事校车业务且载有师生的""服用国家规定管制的精神药品或者麻醉药品后驾驶的""实施威胁、打击报复、引诱、贿买证人、鉴定人等人员或者毁灭、伪造证据等妨害司法行为的"。这些情节主要反映了相关行为的危险系数较高或者行为人主观恶性较大，有必要从严处理。

1. 关于"驾驶重型载货汽车的"。按照行业标准《道路交通管理机动车类型》（GA802—2019），"重型载货汽车"指总质量大于等于12吨的载货车辆，不含专项作业车。在审查时，不考虑该类车辆是否实际载货。

2. 关于"运输危险化学品、危险货物的"。"危险化学品"是指国务院《危险化学品安全管理条例》界定的"具有危害的剧毒化学品和其他化学品"，具体载于《危险化学品目录》。"危险货物"是由交通运输部《道路危险货物运输管理规定》界定的"危险货物"，是指具有爆炸、易燃、毒害、感染、腐蚀等危险特性，在生产、经营、运输、储存、使用和处置中，容易造成人身伤亡、财产损毁或者环境污染而需要特别防护的物质和物品。危险货物以列入《危险货物道路运输规则》（JT/T 617）的为准，未列入《危险货物道路运输规则》（JT/T 617）的，以有关法律、行政法规的规定或者国务院有关部门公布的结果为准。

3. 关于"驾驶机动车从事校车业务且载有师生的"。这里的"校车"不应限于《校车安全管理条例》第2条界定的校车范围，即"依照本条例取得使用许可，用于接送接受义务教育的学生上下学的7座以上的载客汽车"。没有取得校车使用许可，但是事实上是从事接送学生上下学的同等规格载客车辆，也应当认定为此处的"校车业务"，比如农村地区在相对固定的时间点用于接送学生的面包车、中巴车等车辆。这里的"校车"也应该包括接送、运载义务教育阶段之外的幼儿园学生、高中生、大学生、研究生等的车辆。"从事校车业务"而且同时要"载有师生"才认定为从重处理情节，"载有师生"包括仅载有老师或者仅载有学生。如果从事校车业务的车辆是空车或者载的不是师生，则不按照该款从重处理。

4. 关于"服用国家规定管制的精神药品或者麻醉药品后驾驶的"。这里的"国家规定管制的精神药品或者麻醉药品"主要是指公安部、国家药品监督管理总局、国家卫生健康委等发布的《麻醉药品品种管制目录》《精神药品品种目录》，以及公安部、国家卫生健康委、国家药品监督管理局等发布的《非药用类麻醉药品和精神药品管制品种增补目录》以及之后的调整目录公告确定的管制精神药品和麻醉药品。

5. 关于"实施威胁、打击报复、引诱、贿买证人、鉴定人等人员或者毁灭、伪造证据等妨害司法行为的"。这里主要指的是醉驾行为人为了逃避追究或者减轻自己的罪责，通过实施威胁、引诱、贿买、打击报复等方式，迫使证人、鉴定人等违背事实改变证言、作伪证、"顶包"、不敢作证、出具虚假鉴定意见等，或者毁灭、伪造证据等妨害司法行为，尚不构成其他犯罪。如果醉驾行为人实施上述行为构成了妨害作证罪、打击报复证人罪等其他犯罪，在醉酒驾驶行为中就不再作为对行为人从重处理的一个情节对待，行为人排除相应情节，不构成危险驾驶罪的，醉驾行为就不能再按照犯罪处理。

需要研究的是，指使他人"顶包"行为的处理。在醉驾案件中，"顶包"行为是典型的妨害司法行为。比如在发生事故或者被查处时，指使同车人员或者其他人员谎称是同车人员或者系他人驾驶车辆等。在这种情况下，按照刑法第307条第1款规定，醉酒驾驶行为人属于"指使他人作伪证"，可能构成妨害作证罪，被指使的人员可能构成包庇罪或者伪证罪。但是对"顶包"的行为人并不一定都认定为犯罪，如果"顶包"行为发生在亲友之间，不是为了获取经济利益等，很快被办案机关识破并主动承认"顶包"行为的，没有实施更为积极主动的妨碍司法行为，则将这种行为作为醉酒驾驶行为中的从重处理情节即可，可以不按照妨害作证罪或者伪证罪等追究行为人的责任。如果行为人本人并没有指使他人"顶包"，他人主动"顶包"的，情节轻微的，醉驾行为人可不构成妨害作证罪，但是由于其默认这种"顶包"行为，仍然属于妨害司法，可以作为从重处理情节对待。情节严重的，如已经进入司法程序，甚至判决执行完毕被发现的，仍以妨害作证罪、包庇罪等处理。醉驾行为人本人伪造、毁灭证据属于事后不可罚行为，但是作为妨害司法行为，可以当作从重处理情节对待。

### （二）保留并修改完善的情节

《意见》保留并修改完善了"2013年意见"的3项从重情节规定。

1. 对"2013年意见"中"曾因酒后驾驶机动车受过行政处罚或者刑事追究"的从重处理情节增加了"二年内（酒驾）""五年内（醉驾）"的期限限制，主要考虑是避免当事人"一次醉驾背负终身"，体现"给出路"、重挽救的导向，考虑到酒驾与醉驾的危险程度、恶劣程度不同，规定了不同的期限。这里的期限计算方式一般是根据前后两次行为发生之日期间的期限计算是否在2年或者5年内。

2. 将"2013年意见"中"驾驶载有乘客的营运机动车的"修改为"驾驶机动车从事客运活动且载有乘客的"，主要考虑是将该款限于从事客运活动的机动车，排除非客运机动车。另外，不再强调机动车"营运性"的形式属性，而是强调是否实质上从事"客运活动"，这样一来就可以涵盖实践中出现的虽然不是营运机动车，但是从事载客服务（如私家车从事网约车、顺风车服务乃至"黑车"载客）的行为。当然，还是要求该类车辆被查处时要载有乘客，如果未载有乘客，则不作为从重处理情节看待。

3. 将"2013年意见"中的"无证驾驶"修改为"未取得机动车驾驶证驾驶汽车的"。这里的"未取得机动车驾驶证驾驶汽车"是指自始未取得过机动车驾驶证。如果取得过机动车驾驶证，需要与准驾车型相符。被暂扣或者曾经取得过机动车驾驶证但是因为各种原因被吊销、注销的，不属于这里规定的从重处理情形。主要考虑是要对没有经过正规驾驶培训而驾驶汽车的情形给予从重处理。

4.《意见》保留了"严重超员、超载、超速驾驶的"从重处理情节。具体是指超过额定乘员的 20%、超过核定载质量的 30% 或者超过规定时速的 50%。

5.《意见》保留了"逃避、阻碍公安机关依法检查的"从重情节。对于发现前方正在进行依法检查，驾车逃跑或者弃车逃跑的，属于逃避依法检查。对于只是短时间不配合呼气检测、不摇车窗、拒绝呼气检测，最终又配合呼气检测或者提取血样的，不宜认定为逃避、阻碍依法检查。

6.此外，《意见》第 10 条第 15 项规定了"其他需要从重处理的情形"的兜底条款。对兜底条款的适用要严格解释，对于实践中较多的有其他犯罪前科的，一般不作为醉驾的从重处理情节。在缓刑考验期、取保候审等期间醉酒驾驶的，一般也不作为醉驾入罪考量中的从重情节。

## 【相关规定】

《中华人民共和国刑法》

第三百零七条 以暴力、威胁、贿买等方法阻止证人作证或者指使他人作伪证的，处三年以下有期徒刑或者拘役；情节严重的，处三年以上七年以下有期徒刑。

帮助当事人毁灭、伪造证据，情节严重的，处三年以下有期徒刑或者拘役。

司法工作人员犯前两款罪的，从重处罚。

《危险化学品安全管理条例》

第三条 本条例所称危险化学品，是指具有毒害、腐蚀、爆炸、燃烧、助燃等性质，对人体、设施、环境具有危害的剧毒化学品和其他化学品。

危险化学品目录，由国务院安全生产监督管理部门会同国务院工业和信息化、公安、环境保护、卫生、质量监督检验检疫、交通运输、铁路、民用航空、农业主管部门，根据化学品危险特性的鉴别和分类标准确定、公布，并适时调整。

《道路危险货物运输管理规定》

第三条　本规定所称危险货物，是指具有爆炸、易燃、毒害、感染、腐蚀等危险特性，在生产、经营、运输、储存、使用和处置中，容易造成人身伤亡、财产损毁或者环境污染而需要特别防护的物质和物品。危险货物以列入《危险货物道路运输规则》（JT/T 617）的为准，未列入《危险货物道路运输规则》（JT/T 617）的，以有关法律、行政法规的规定或者国务院有关部门公布的结果为准。

本规定所称道路危险货物运输，是指使用载货汽车通过道路运输危险货物的作业全过程。

本规定所称道路危险货物运输车辆，是指满足特定技术条件和要求，从事道路危险货物运输的载货汽车（以下简称专用车辆）。

**第十一条**

醉驾具有下列情形之一的，从宽处理：

（一）自首、坦白、立功的；

（二）自愿认罪认罚的；

（三）造成交通事故，赔偿损失或者取得谅解的；

（四）其他需要从宽处理的情形。

**【条文释义】**

本条阐明关于刑事追究的从宽处理情节。

"2013 年意见"无从宽处理情节的规定，《意见》规定了 4 项从宽处理情节，包括坦白、自首、立功、自愿认罪认罚、造成交通事故后赔偿损失或者取得谅解以及其他需要从宽处理的情节等。

（一）关于造成交通事故，赔偿损失或者取得谅解的从宽处理情节

这里有两个问题需要明确，一是赔偿损失和取得谅解属于并列关系。如果行为人充分赔偿了损失，即使被害方未明确表示谅解，未出具谅解书或者达成和解协议，也不影响对犯罪嫌疑人、被告人从宽处理；如果行为人有赔偿意愿但是没有能力赔偿损失或者无法充分赔偿，但是被害方也表示谅解的，同样可以对犯罪嫌疑人、被告人从宽处理。如果在赔偿损失的同时也取得谅解，理所当然应当从宽处理。

二是从宽处理的幅度。对于血液酒精含量相对较低，醉驾仅造成轻微财损或者轻微人身损伤（如磕破皮之类）的案件，如果行为人赔偿损失，双方达成和解、谅解，没有其他从重处理情节的，可以从宽处理，至于从宽到什么程度，需要综合考虑醉酒程度、机动车类型、道路情况、行驶时间、速度等因素，作出判断。

（二）关于其他需要从宽处理的情节

这一兜底条款主要涵盖具有刑法、刑事诉讼法以及相关司法解释、司法解释性质文件中规定的从宽处理情节的案件以及虽然没有明文规定，但是酌情从宽符合法理情，处理效果更好的案件。比如刑法中的未成年犯、中止犯，刑事诉讼法第182条规定的"涉及国家重大利益"的案件，以及司法实践中运用较多的一贯表现良好、初犯、偶犯、认罪悔罪态度较好等酌定从宽情节。

（三）关于同时具有从重和从宽处理情节的处理

这种情况在任何刑事案件处理中都会遇到，醉驾案件也不例外。关键是依据刑法、刑事诉讼法以及"两高"量刑指导意见等规定所确定的

量刑和处罚原则，实事求是、依法处理，做到罪责刑相适应和案件处理的"三个效果"统一。既不能因为只要有从重处理情节，即使有多项从宽处罚情节，也不体现从宽；也不能认为醉驾本身属于轻罪，搞"普遍从宽"。要综合两方面情节后，作出"总体上从宽"还是"总体上从严"的判断和处理。总之，即使是轻罪，也要区分犯罪情节恶劣或者严重，以及犯罪情节轻微或者犯罪情节较轻，做到区别处理、实现个案公正。

### 第十二条

醉驾具有下列情形之一，且不具有本意见第十条规定情形的，可以认定为情节显著轻微、危害不大，依照刑法第十三条、刑事诉讼法第十六条的规定处理：

（一）血液酒精含量不满 150 毫克 /100 毫升的；

（二）出于急救伤病人员等紧急情况驾驶机动车，且不构成紧急避险的；

（三）在居民小区、停车场等场所因挪车、停车入位等短距离驾驶机动车的；

（四）由他人驾驶至居民小区、停车场等场所短距离接替驾驶停放机动车的，或者为了交由他人驾驶，自居民小区、停车场等场所短距离驶出的；

（五）其他情节显著轻微的情形。

醉酒后出于急救伤病人员等紧急情况，不得已驾驶机动车，构成紧急避险的，依照刑法第二十一条的规定处理。

**【条文释义】**

本条阐明情节显著轻微的认定和处理。

《意见》第 12 条规定，具有 5 种情形之一，且不具有《意见》规定的从重处理情形的，可以认定为情节显著轻微、危害不大，依照刑法第 13 条、刑事诉讼法第 16 条的规定，分别作出不立案、撤销案件、不起诉或者判决无罪的处理。

（一）血液酒精含量不满 150 毫克 /100 毫升的案件

如果血液酒精含量达到了 80 毫克 /100 毫升，但不满 150 毫克 /100 毫升，而且不存在《意见》第 10 条规定的 15 种从重处理情形，可以认为属于情节显著轻微、危害不大。按照《意见》第 4 条第 1 款规定，公安机关就可以不予立案，已经立案的，应当作出撤销案件处理。

（二）出于急救伤病人员等紧急情况驾驶机动车的案件

在实践中发生过不少出于急救伤病人员等紧急情况醉酒驾驶机动车的情形，该类案件如何处理，有一定争议。研究认为，如果确实属于刑法第 21 条规定的紧急避险的，则不负刑事责任。在认定是否构成紧急避险时，要从是否存在正在发生的危险、是否不得已才损害另一法益、是否有避险意图、避险是否超过必要限度等方面进行审查。比如在偏远地区，因为亲友等人员突发严重疾病急需救治，身边一时难以找到符合条件的驾驶人员或者呼叫救护车耗时过长可能影响救治，不得已在饮酒后驾驶机动车，后在路途中被查获的，可以认定为紧急避险。还比如在城市等地区，深夜时段家人等突发需要送医的严重疾病或者紧急分娩，一时无法呼叫到救护车，也无法找到代驾等人帮忙的情况下，不得已开车送医或者买药、寻找医生的，也可以认定为紧急避险。

在有些情况下，危险并不紧迫或者行为人有其他避险的可能但并未采取其他方式（比如可能叫到代驾或者救护车）的情况下醉驾的，依法不属于紧急避险，但是考虑到行为人在情急之下无法作出理性选择，如果醉驾行为也未导致事故等后果，认定为情节显著轻微、危害不大，更加符合法理情，在处理效果上也更好。需要注意的是，实践中以这一理由提出辩解的情况也较多，需要公安司法机关更加全面地收集、审查证据，切实做到不枉不纵，防止该款被滥用。

（三）特殊情况下短距离驾驶机动车的案件

《意见》明确，在居民小区、停车场等场所因挪车、停车入位等短距离驾驶机动车；由他人驾驶至居民小区、停车场等场所后短距离接替驾驶停放机动车的，或者为了交由他人驾驶，自居民小区、停车场等场所短距离驶出的，没有从重处理情节的，可以认为是情节显著轻微、危害不大。关于"短距离驾驶"中到底多远属于"短距离"，不能一概而论，重要的是按照主客观相一致原则，查明驾驶的目的、动机是不是确实是为了挪车、停放车辆、交接车辆等以及实际驾驶的远近。比如不是为了与代驾人员交接车辆，而是为了节省代驾费用，在距离目的地较远的位置就开始自己驾驶的，就不属于情节显著轻微的情形；而有的小区等场所因为空间较大或者没有固定车位，需要驾驶较长距离交接车辆、寻找车位的，也可以认定为情节显著轻微。

《意见》对情节显著轻微规定了一个"其他情节显著轻微的情形"的兜底条款。主要考虑是现实生活中的情况确实十分复杂，无论《意见》如何细化，都可能有不周全之处，确实发生了入罪十分不合理的情况，由执法司法人员根据个案的具体情况适用但书出罪更符合司法规律，但是总体上也要从严把握，不能随意开口子。

## 【相关规定】

《中华人民共和国刑法》

第十三条　一切危害国家主权、领土完整和安全，分裂国家、颠覆人民民主专政的政权和推翻社会主义制度，破坏社会秩序和经济秩序，侵犯国有财产或者劳动群众集体所有的财产，侵犯公民私人所有的财产，侵犯公民的人身权利、民主权利和其他权利，以及其他危害社会的行为，依照法律应当受刑罚处罚的，都是犯罪，但是情节显著轻微危害不大的，不认为是犯罪。

第二十一条　为了使国家、公共利益、本人或者他人的人身、财产和其他权利免受正在发生的危险，不得已采取的紧急避险行为，造成损害的，不负刑事责任。

紧急避险超过必要限度造成不应有的损害的，应当负刑事责任，但是应当减轻或者免除处罚。

第一款中关于避免本人危险的规定，不适用于职务上、业务上负有特定责任的人。

《中华人民共和国刑事诉讼法》

第十六条　有下列情形之一的，不追究刑事责任，已经追究的，应当撤销案件，或者不起诉，或者终止审理，或者宣告无罪：

（一）情节显著轻微、危害不大，不认为是犯罪的；

（二）犯罪已过追诉时效期限的；

（三）经特赦令免除刑罚的；

（四）依照刑法告诉才处理的犯罪，没有告诉或者撤回告诉的；

（五）犯罪嫌疑人、被告人死亡的；

（六）其他法律规定免予追究刑事责任的。

第十三条

对公安机关移送审查起诉的醉驾案件，人民检察院综合考虑犯罪嫌疑人驾驶的动机和目的、醉酒程度、机动车类型、道路情况、行驶时间、速度、距离以及认罪悔罪表现等因素，认为属于犯罪情节轻微的，依照刑法第三十七条、刑事诉讼法第一百七十七条第二款的规定处理。

## 【条文释义】

本条阐明犯罪情节轻微的认定和处理。

《意见》第 13 条规定，对公安机关移送审查起诉的醉驾案件，人民检察院综合考虑犯罪嫌疑人驾驶的动机和目的、醉酒程度、机动车类型、道路情况、行驶时间、速度、距离以及认罪悔罪表现等因素，认为属于犯罪情节轻微的，依照刑法第 37 条、刑事诉讼法第 177 条第 2 款的规定处理。该条规定了检察机关适用相对不起诉的标准，是较为原则性的规定。要从以下几个方面正确理解和把握该条规定。

适用该条要综合考虑《意见》确定的立案和量刑标准，总体上要从严把握。公安机关移送检察机关审查起诉的案件主要是血液酒精含量 150 毫克 /100 毫升以上以及血液酒精含量不满 150 毫克 /100 毫升但有从重处理情节的案件，移送审查起诉的案件是相对严重的醉驾案件。而《意见》确定的缓刑标准相较《意见》出台前的司法实践要更为严格，比如血液酒精含量 180 毫克 /100 毫升以上，一般不适用缓刑。所以，在现行规定下，检察机关依法运用不起诉裁量权的空间相对较小，应当根据刑事诉讼法第 177 条第 2 款的规定，从严把握不起诉的条件。

虽然公安机关移送的案件总体上相较于《意见》实施前的标准，属于相对严重的醉驾行为，但是在这些案件中也会存在犯罪情节上的轻重之分，尽管较《意见》出台之前客观上会大大减少。根据《意见》所提到的"驾驶的动机和目的""醉酒程度""机动车类型""道路情况""行驶时间、速度、距离""认罪悔罪表现等因素"，可以进一步区分出情节轻微、情节严重的情形。比如考虑到对公共安全造成的风险有差别，醉酒驾驶摩托车的起诉标准应该区别于汽车；在深夜的乡间、郊区人车稀少的道路驾驶且车速不快，仅是为了回家从村东头开到村西头驾驶距离不长；等等。总之，要注意区分情形，而且要"一碗水端平"，确保平等适用法律。

## 【相关规定】

《中华人民共和国刑法》

第三十七条 对于犯罪情节轻微不需要判处刑罚的，可以免予刑事处罚，但是可以根据案件的不同情况，予以训诫或者责令具结悔过、赔礼道歉、赔偿损失，或者由主管部门予以行政处罚或者行政处分。

《中华人民共和国刑事诉讼法》

第一百七十七条 犯罪嫌疑人没有犯罪事实，或者有本法第十六条规定的情形之一的，人民检察院应当作出不起诉决定。

对于犯罪情节轻微，依照刑法规定不需要判处刑罚或者免除刑罚的，人民检察院可以作出不起诉决定。

人民检察院决定不起诉的案件，应当同时对侦查中查封、扣押、冻结的财物解除查封、扣押、冻结。对被不起诉人需要给予行政处罚、处分或者需要没收其违法所得的，人民检察院应当提出检察意见，移送有关主管机关处理。有关主管机关应当将处理结果及时通知人民检察院。

### 第十四条

对符合刑法第七十二条规定的醉驾被告人，依法宣告缓刑。具有下列情形之一的，一般不适用缓刑：

（一）造成交通事故致他人轻微伤或者轻伤，且负事故全部或者主要责任的；

（二）造成交通事故且负事故全部或者主要责任，未赔偿损失的；

（三）造成交通事故后逃逸的；

（四）未取得机动车驾驶证驾驶汽车的；

（五）血液酒精含量超过 180 毫克 /100 毫升的；

（六）服用国家规定管制的精神药品或者麻醉药品后驾驶的；

（七）采取暴力手段抗拒公安机关依法检查，或者实施妨害司法行为的；

（八）五年内曾因饮酒后驾驶机动车被查获或者受过行政处罚的；

（九）曾因危险驾驶行为被判决有罪或者作相对不起诉的；

（十）其他情节恶劣的情形。

## 【条文释义】

本条规定了缓刑的标准。

醉驾案件虽然从法定刑上看属于微罪，但是并不能等同于认为所有的醉驾案件都符合刑法第 72 条第 1 款规定的缓刑适用的条件中"犯罪情节较轻"的规定。即使是轻微犯罪，"犯罪情节"也有"轻""重"之分，要立足该罪的特点区分"轻""重"，尤其是作为常见多发的日常犯罪，要通过判处实刑的方式强化一般预防。

《意见》第 14 条规定了 10 项一般不得适用缓刑的情形。具体标准设定上，一是突出惩治实害犯。规定造成交通事故致他人轻伤或者轻微伤，且负事故全部或者主要责任；造成交通事故且负事故全部或者主要责任，未赔偿以及肇事后逃逸的，一般不适用缓刑。

二是突出惩治危险系数高的醉驾行为。对血液酒精含量超过 180 毫克 /100 毫升，未取得机动车驾驶证驾驶汽车，毒驾、药驾的，一般不适用缓刑。未取得驾驶证驾驶汽车的，一般可以认为行为人未经过严格的驾驶技能培训，其醉酒驾驶的危险性相较于有驾驶证的人要高，毒驾、药驾加剧了酒驾的危险性，也应当体现从重。

三是突出惩治人身危险性大的行为人。对采取暴力手段抗拒公安机关依法检查，或者实施妨害司法行为；5 年内曾因饮酒后驾驶机动车被查获或者受过行政处罚以及曾因危险驾驶行为被判决有罪或者作相对不起诉，一般不适用缓刑。"暴力手段抗拒公安机关依法检查"中的"暴力手段"主要包括驾车冲卡、殴打执法民警等手段拒绝、阻碍检查，但尚未达到构成犯罪的程度。

《意见》还规定了一般不得判处缓刑的兜底条款，即"其他情节恶劣的情形"，由司法机关在实践中具体把握。与第 10 条其他从重处理情节的兜底条款一样，一般不得适用缓刑的兜底条款在适用时总体上也要慎重把握，不宜随意扩大不得适用缓刑的情节。

关于缓刑的规定，要求检察机关在提出量刑建议时要准确把握，原则上应当提出确定刑的量刑建议。

## 【相关规定】

《中华人民共和国刑法》

第七十二条　对于被判处拘役、三年以下有期徒刑的犯罪分子，同时符合下列条件的，可以宣告缓刑，对其中不满十八周岁的人、怀孕的妇女和已满七十五周岁的人，应当宣告缓刑：

（一）犯罪情节较轻；

（二）有悔罪表现；

（三）没有再犯罪的危险；

（四）宣告缓刑对所居住社区没有重大不良影响。

宣告缓刑，可以根据犯罪情况，同时禁止犯罪分子在缓刑考验期限内从事特定活动，进入特定区域、场所，接触特定的人。

被宣告缓刑的犯罪分子，如果被判处附加刑，附加刑仍须执行。

第十五条

对被告人判处罚金，应当根据醉驾行为、实际损害后果等犯罪情节，综合考虑被告人缴纳罚金的能力，确定与主刑相适应的罚金数额。起刑点一般不应低于道路交通安全法规定的饮酒后驾驶机动车相应情形的罚款数额；每增加一个月拘役，增加一千元至五千元罚金。

**【条文释义】**

本条规定了罚金的标准。

危险驾驶案件量刑要求并处罚金，在实践中对罚金的判罚标准非常不统一，比如有的发达地区判处罚金仅 2000 元、3000 元，而有的经济相对落后地区，不考虑当事人缴纳罚金的能力，动辄判罚上万元的罚金。罚金作为一种刑罚，既要依法提出建议和依法判处，又要做到罪责相适应，体现公正性。最高人民法院《关于适用财产刑若干问题的规定》第 2 条第 1 款规定，人民法院应当根据犯罪情节，如违法所得数额、造成损失的大小等，并综合考虑犯罪分子缴纳罚金的能力，依法判处罚金。刑法没有明确规定罚金数额标准的，罚金的最低数额不能少于 1000 元。《意见》第 15 条规定，对醉驾被告人判处罚金，应当根据醉驾行为、实际损害后果等犯罪情节，综合考虑被告人缴纳罚金的能力，确定与主刑相适应的罚金数额。起刑点一般不应低于道路交通安全法规定的饮酒后驾驶机动车相应情形的罚款数额；每增加一个月拘役，增加 1000 元至 5000 元罚金。

醉驾案件判处罚金要把握几点：

一是罚金数额要与行为及后果的严重程度相当。行为及后果越严重，罚金越高，体现罪责刑相适应。从这个角度讲，醉驾罚金的起刑点不能低于酒驾的相应情形的罚款数额。如道路交通安全法对饮酒后驾驶一般处 1000 元以上 2000 元以下罚款，饮酒驾驶营运机动车的处 5000 元罚款，那么对于醉酒驾驶的罚金，一般而言不应当低于上述罚款标准。同时，《意见》规定，每增加一个月拘役，增加 1000 元至 5000 元罚金。之所以设置增加罚金刑的上限，也是为了防止过度判罚。

二是罚金数额要与被告人缴纳罚金的能力相当。过高的与被告人缴纳罚金能力不匹配的罚金既得不到执行、造成"空判"，也可能过分加重行为人负担，导致行为人内心不认同、不接受，无法实现认罪服判。

关于罚金刑的规定，要求检察机关在提出量刑建议时要准确把握，原则上应当提出确定刑的量刑建议。

## 【相关规定】

《中华人民共和国道路交通安全法》

第九十一条　饮酒后驾驶机动车的，处暂扣六个月机动车驾驶证，并处一千元以上二千元以下罚款。因饮酒后驾驶机动车被处罚，再次饮酒后驾驶机动车的，处十日以下拘留，并处一千元以上二千元以下罚款，吊销机动车驾驶证。

醉酒驾驶机动车的，由公安机关交通管理部门约束至酒醒，吊销机动车驾驶证，依法追究刑事责任；五年内不得重新取得机动车驾驶证。

饮酒后驾驶营运机动车的，处十五日拘留，并处五千元罚款，吊销机动车驾驶证，五年内不得重新取得机动车驾驶证。

醉酒驾驶营运机动车的，由公安机关交通管理部门约束至酒醒，吊销机动车驾驶证，依法追究刑事责任；十年内不得重新取得机动车驾驶证，重新取得机动车驾驶证后，不得驾驶营运机动车。

饮酒后或者醉酒驾驶机动车发生重大交通事故，构成犯罪的，依法追究刑事责任，并由公安机关交通管理部门吊销机动车驾驶证，终生不得重新取得机动车驾驶证。

> **第十六条**
>
> 醉驾同时构成交通肇事罪、过失以危险方法危害公共安全罪、以危险方法危害公共安全罪等其他犯罪的，依照处罚较重的规定定罪，依法从严追究刑事责任。
>
> 醉酒驾驶机动车，以暴力、威胁方法阻碍公安机关依法检查，又构成妨害公务罪、袭警罪等其他犯罪的，依照数罪并罚的规定处罚。

## 【条文释义】

本条规定了醉驾案件中的罪数认定。

我国刑法关于醉驾治理的罪名体系既包括危险驾驶罪这一轻罪，也包括交通肇事罪、以危险方法危害公共安全罪等更严重的罪名，在醉驾案件办理中要统筹考虑。《意见》第16条第1款规定，醉驾同时构成交通肇事罪、过失以危险方法危害公共安全罪、以危险方法危害公共安全罪等其他犯罪的，依照处罚较重的规定定罪，依法从严追究刑事责任。所谓"依法从严追究刑事责任"就是要求在刑事政策把握上要从严，如对醉驾构成交通肇事罪的，一般不宜做不起诉处理，致人死亡的，一般不宜提出缓刑量刑建议。

《意见》第16条第2款在"2013年意见"中就有规定，此次修改根据刑法修改情况，增加了袭警罪。需要说明的是，如果阻碍公安机关依法检查的行为构成袭警罪或妨害公务罪等犯罪，就不应该再将该行为作为醉驾的从重处理情节，如果排除该情节，醉驾行为不构成危险驾驶罪的，就不能按照犯罪处理。如果仅以袭警罪或妨害公务罪等犯罪处理，要依法提起公诉，从严追究刑事责任。

**第十七条**

犯罪嫌疑人醉驾被现场查获后，经允许离开，再经公安机关通知到案或者主动到案，不认定为自动投案；造成交通事故后保护现场、抢救伤者，向公安机关报告并配合调查的，应当认定为自动投案。

## 【条文释义】

本条阐明如何认定自动投案。

在司法实践中，对于醉酒驾驶案件现场查获后经允许离开，再由办案机关通过电话传唤到案，犯罪嫌疑人如实供述犯罪事实的，是否认定为自动投案，进而是否认定为自首，争议较大，各地处理不一致。经研究后，《意见》第17条规定，犯罪嫌疑人醉驾被现场查获后，经允许离开，再经公安机关通知到案或者主动到案，不认定为自动投案；造成交通事故后保护现场、抢救伤者，向公安机关报告并配合调查的，应当认定为自动投案。

相关情形不认定为自动投案和自首的主要考虑是：

一是该种情况不符合自动投案的条件。把握该问题的关键在于如何理解"自动投案"中的"投案"，自首中的自动投案应当指的是案发后第一次到案，也就是限于第一次被办案机关控制时的形态。如果第一次到案是行为人主动、自愿、直接置于办案机关控制下，即属于自动投案。在设卡查处等现场查处醉驾中，行为人停车接受检查，接受呼气检测和采集血液（属于行政强制措施和侦查措施），被约束至酒醒，行为人本身已经处于办案机关控制之下，而这完全是基于查处行为被迫被置于办案机关控制之下，不属于主动、自愿和直接置于办案机关控制之下，因此不属于自动投案，不符合自首中自动投案的要件。

二是不符合自首的立法精神。自首的价值在于鼓励、促使行为人悔过自新，也能减少执法司法资源损耗，提升司法效率，促进司法公正。

在公安机关设卡查处醉酒驾驶机动车案件中，通过投入资源设置卡口、路障、拦停、呼气检测的方式，行为人是被迫而非主动接受查处，行为人到案的过程既没有减少司法资源损耗，也不能反映行为人有悔过自新的意思，因此认定为自首也不符合自首的价值功能。

当然，对于造成交通事故后保护现场、抢救伤者，向公安机关报告并配合调查的，因为其不是现场查获，行为人尚不处于被控制状态，也未选择逃跑，主动向公安机关报告并配合调查的，属于主动、自愿置于办案机关控制之下，应当认定为自动投案。

> **第十八条**
>
> 根据本意见第十二条第一款、第十三条、第十四条处理的案件，可以将犯罪嫌疑人、被告人自愿接受安全驾驶教育、从事交通志愿服务、社区公益服务等情况作为作出相关处理的考量因素。

**【条文释义】**

本条规定了自愿参与公益服务等问题。

准确把握该条规定，要注意以下几点：

一是社会公益服务主要适用于情节显著轻微、情节轻微、定罪免刑以及判处缓刑的案件。

二是犯罪嫌疑人、被告人自愿参与的活动主要包括接受安全驾驶教育、从事交通志愿服务、社区公益服务。其中，接受安全驾驶教育主要是指在办案机关等部门的安排下学习交通安全法规并测试、观看警示教育片等，有的地方安排行为人观摩交通类案件庭审、交通事故急救现场等也是可取的方式。交通志愿服务和社区公益服务主要是在公安交管部门、社区等基层组织、社会公益机构的安排下从事道路秩序维护、协管、交通安全宣传以及社区敬老、环境维护等公益活动。

三是参与社区公益活动等必须是行为人的自愿行为。需要注意的是，行为人参加这些活动并不是对行为人的惩戒、惩罚。办案机关在办理案件中应当向行为人讲明办案机关作出相应处理主要考虑的因素，说明行为人可以通过自愿从事公益服务等接受考察，由行为人自己选择是否参与。

四是行为人从事公益服务的表现等情况是作出相应处理的考量因素。所谓的"考量因素"的依据是刑法、刑事诉讼法等规定作出撤销案件、相对不起诉或者缓刑判决时考量的内容，主要通过上述行为考察行为人的"认错悔过""认罪悔罪""悔罪表现"等，这些情况是作出相应处理的依据之一。如果行为人在自愿从事交通志愿服务期间，不服从工作安排、迟到早退、表现懒散以及有其他不良表现的，可以认为行为人的规则意识差、悔错悔罪意识不强，作为《意见》第12条第1款、第13条、第14条规定的"综合考虑"的因素，对其不适用撤销案件、不起诉或者判处缓刑（判决免予刑事处罚）的处理。

**第十九条**

对犯罪嫌疑人、被告人决定不起诉或者免予刑事处罚的，可以根据案件的不同情况，予以训诫或者责令具结悔过、赔礼道歉、赔偿损失，需要给予行政处罚、处分的，移送有关主管机关处理。

## 【条文释义】

本条规定了相关非刑罚措施。

为了强化对被不起诉人、免予刑事处罚人的教育惩戒，《意见》第19条规定，对犯罪嫌疑人、被告人决定不起诉或者免予刑事处罚的，可以根据案件的不同情况，予以训诫或者责令具结悔过、赔礼道歉、赔偿损失，需要给予行政处罚、处分的，移送有关主管机关处理。该条规定主要依据是刑法第 37 条和刑事诉讼法第 177 条第 3 款、《人民检察院刑事诉讼规则》第 373 条等规定。

## 【相关规定】

《中华人民共和国刑法》

第三十七条　对于犯罪情节轻微不需要判处刑罚的，可以免予刑事处罚，但是可以根据案件的不同情况，予以训诫或者责令具结悔过、赔礼道歉、赔偿损失，或者由主管部门予以行政处罚或者行政处分。

《中华人民共和国刑事诉讼法》

第一百七十七条　犯罪嫌疑人没有犯罪事实，或者有本法第十六条规定的情形之一的，人民检察院应当作出不起诉决定。

对于犯罪情节轻微，依照刑法规定不需要判处刑罚或者免除刑罚的，人民检察院可以作出不起诉决定。

人民检察院决定不起诉的案件，应当同时对侦查中查封、扣押、冻结的财物解除查封、扣押、冻结。对被不起诉人需要给予行政处罚、处分或者需要没收其违法所得的，人民检察院应当提出检察意见，移送有关主管机关处理。有关主管机关应当将处理结果及时通知人民检察院。

《人民检察院刑事诉讼规则》

第三百七十三条　人民检察院决定不起诉的案件，可以根据案件的不同情况，对被不起诉人予以训诫或者责令具结悔过、赔礼道歉、赔偿损失。

对被不起诉人需要给予行政处罚、政务处分或者其他处分的，经检察长批准，人民检察院应当提出检察意见，连同不起诉决定书一并移送有关主管机关处理，并要求有关主管机关及时通报处理情况。

《意见》第 20 条第 2 款规定，人民法院、人民检察院适用但书不起诉、判决无罪或者相对不起诉、免予刑事处罚的案件，对被不起诉人、被告人需要予以行政处罚的，应当提出检察意见或者司法建议，移送公安机关依照前款规定处理。公安机关应当将处理情况通报人民法院、人民检察院。对于该类案件，在后续司法程序处理完后，公安机关根据人民检察院、人民法院的意见或者建议，给予行为人相应的行政处罚。

这里需要说明的是，具体给予何种行政处罚措施，要根据案件的具体情况而定。比如，行为人已经被先行刑事拘留，即使按照道路交通安全法可以予以行政拘留，也没有必要再建议公安机关予以行政拘留处罚，仅建议予以罚款处罚即可。

## 【相关规定】

《中华人民共和国刑法》

第十三条　一切危害国家主权、领土完整和安全，分裂国家、颠覆人民民主专政的政权和推翻社会主义制度，破坏社会秩序和经济秩序，侵犯国有财产或者劳动群众集体所有的财产，侵犯公民私人所有的财产，侵犯公民的人身权利、民主权利和其他权利，以及其他危害社会的行为，依照法律应当受刑罚处罚的，都是犯罪，但是情节显著轻微危害不大的，不认为是犯罪。

《中华人民共和国道路交通安全法》

第九十一条　饮酒后驾驶机动车的，处暂扣六个月机动车驾驶证，并处一千元以上二千元以下罚款。因饮酒后驾驶机动车被处罚，再次饮酒后驾驶机动车的，处十日以下拘留，并处一千元以上二千元以下罚款，吊销机动车驾驶证。

醉酒驾驶机动车的，由公安机关交通管理部门约束至酒醒，吊销机动车驾驶证，依法追究刑事责任；五年内不得重新取得机动车驾驶证。

饮酒后驾驶营运机动车的，处十五日拘留，并处五千元罚款，吊销机动车驾驶证，五年内不得重新取得机动车驾驶证。

　　醉酒驾驶营运机动车的，由公安机关交通管理部门约束至酒醒，吊销机动车驾驶证，依法追究刑事责任；十年内不得重新取得机动车驾驶证，重新取得机动车驾驶证后，不得驾驶营运机动车。

　　饮酒后或者醉酒驾驶机动车发生重大交通事故，构成犯罪的，依法追究刑事责任，并由公安机关交通管理部门吊销机动车驾驶证，终生不得重新取得机动车驾驶证。

# 四、快速办理

> **第二十一条**
>
> 人民法院、人民检察院、公安机关和司法行政机关应当加强协作配合，在遵循法定程序、保障当事人权利的前提下，因地制宜建立健全醉驾案件快速办理机制，简化办案流程，缩短办案期限，实现醉驾案件优质高效办理。

## 【条文释义】

该条是关于醉驾案件快速办理机制的原则性规定。

考虑到实践中有的地区醉驾案件办理时间过长，不利于节约司法资源，也可能引发干预插手案件问题，故《意见》吸收地方探索创新，鼓励各地构建醉驾案件快速办理机制。但是案件快速办理机制要遵循法定程序，也就是不能突破现行法律规定的诉讼程序和要求，总体上要在速裁程序框架下进行。要充分保障当事人权利，简化不必要的流程但不减损权利，尤其是要充分保障犯罪嫌疑人、被告人的辩护权，犯罪嫌疑人、被告人提出的辩解和辩护人提出的辩护理由以及被害人提出的诉求要充分考虑、核实，不能因为盲目求快，忽视当事人的辩解和利益。

考虑到我国幅员辽阔，各地情况、软硬件条件差异较大，不宜做整体划一的规定，各地要因地制宜建立符合本地实际的快速办理机制，要避免形式主义。比如有的地方在公安机关执法办案管理中心设立速裁法庭、检察室等可以实现案件高效流转办理，有的则因为客观条件限制无法做到；有的地方因为鉴定机构较少，送检和鉴定耗时相对较长，办案速度就有必要区分于鉴定资源充沛的地区。总之，建立醉驾案件快速办理机制，最终要落在案件的"高质效"办理上。

第二十二条

符合下列条件的醉驾案件，一般应当适用快速办理机制：

（一）现场查获，未造成交通事故的；

（二）事实清楚，证据确实、充分，法律适用没有争议的；

（三）犯罪嫌疑人、被告人自愿认罪认罚的；

（四）不具有刑事诉讼法第二百二十三条规定情形的。

**【条文释义】**

本条规定了快速办理机制的案件适用范围。

《意见》第 22 条明确了具有下列情形的醉驾案件，一般应当适用快速办理机制：现场查获，未造成交通事故的；事实清楚，证据确实、充分，法律适用没有争议的；犯罪嫌疑人、被告人自愿认罪认罚的；不具有刑事诉讼法第 223 条规定情形（不适用速裁程序的情形）的。按照该条规定，对需要进行事故认定、人伤财损鉴定、矛盾化解等相对复杂、争议较大、耗时相对较长的案件可以不适用快速办理机制，按照正常程序办理，没有上述特殊情形的，原则上都适用快速办理机制。

**【相关规定】**

《中华人民共和国刑事诉讼法》

第二百二十三条　有下列情形之一的，不适用速裁程序：

（一）被告人是盲、聋、哑人，或者是尚未完全丧失辨认或者控制自己行为能力的精神病人的；

（二）被告人是未成年人的；

（三）案件有重大社会影响的；

（四）共同犯罪案件中部分被告人对指控的犯罪事实、罪名、量刑建议或者适用速裁程序有异议的；

（五）被告人与被害人或者其法定代理人没有就附带民事诉讼赔偿等事项达成调解或者和解协议的；

（六）其他不宜适用速裁程序审理的。

## 第二十三条

适用快速办理机制办理的醉驾案件，人民法院、人民检察院、公安机关一般应当在立案侦查之日起三十日内完成侦查、起诉、审判工作。

## 【条文释义】

本条规定了快速办理机制的办案期限。

《意见》第 23 条规定，公检法机关一般应当在立案侦查之日起 30 日内完成侦、诉、审工作。按照刑事诉讼法有关规定，适用速裁的案件，审查起诉期限一般为 10 日，审理期限一般为 10 日。这里的 30 日是适用快速办理机制的最长办案期限，地方公安司法机关可以根据本地的实际情况，确定侦、诉、审各阶段的办案时长。此外，最长办案期限主要适用于需要提起公诉的案件，对于要撤销案件、相对不起诉的案件，考虑到要从事社会公益服务、内部审批审核、检察听证等程序，为了确保效果，则可以根据实际情况不受快速办理机制确定的期限的限制。

## 【相关规定】

《中华人民共和国刑事诉讼法》

第一百七十二条　人民检察院对于监察机关、公安机关移送起诉的案件，应当在一个月以内作出决定，重大、复杂的案件，可以延长十五日；犯罪嫌疑人认罪认罚，符合速裁程序适用条件的，应当在十日以内作出决定，对可能判处的有期徒刑超过一年的，可以延长至十五日。

人民检察院审查起诉的案件，改变管辖的，从改变后的人民检察院收到案件之日起计算审查起诉期限。

第二百二十五条 适用速裁程序审理案件，人民法院应当在受理后十日以内审结；对可能判处的有期徒刑超过一年的，可以延长至十五日。

### 第二十四条

在侦查或者审查起诉阶段采取取保候审措施的，案件移送至审查起诉或者审判阶段时，取保候审期限尚未届满且符合取保候审条件的，受案机关可以不再重新作出取保候审决定，由公安机关继续执行原取保候审措施。

## 【条文释义】

本条规定了换保程序的简化问题。

《意见》第 24 条规定，案件移送至审查起诉或者审判阶段时，取保候审期限尚未届满且符合取保候审条件的，受案机关可以不再重新作出取保候审决定，由公安机关继续执行原取保候审措施。当然，如果在法定期限内无法办结的，后一办案机关应当及时办理新的取保候审手续。

### 第二十五条

对醉驾被告人拟提出缓刑量刑建议或者宣告缓刑的，一般可以不进行调查评估。确有必要的，应当及时委托社区矫正机构或者有关社会组织进行调查评估。受委托方应当及时向委托机关提供调查评估结果。

**【条文释义】**

本条规定了社会调查评估的简化问题。

《意见》第 25 条规定，对醉驾被告人拟提出缓刑量刑建议或者宣告缓刑的，一般可以不进行调查评估。确有必要的，应当及时委托社区矫正机构或者有关社会组织进行调查评估。受委托方应当及时向委托机关提供调查评估结果。当然，对于被告人背景情况复杂、有前科劣迹的，则有必要按照相关规定进行调查评估，以进一步确定判处缓刑和进行社区矫正是否适当。

> **第二十六条**
>
> 适用简易程序、速裁程序的醉驾案件，人民法院、人民检察院、公安机关和司法行政机关可以采取合并式、要素式、表格式等方式简化文书。
>
> 具备条件的地区，可以通过一体化的网上办案平台流转、送达电子卷宗、法律文书等，实现案件线上办理。

**【条文释义】**

本条规定了文书、案件流转的简化问题。

近年来，不少地区为了提升轻微犯罪的办案效率，探索了表格式、要素式的起诉意见书、审查报告、起诉书、判决书等法律文书，《意见》第 26 条第 1 款予以认可和吸收。此外，为了加快案件流转，《意见》第 26 条第 2 款规定，具备条件的地区，可以通过一体化的网上办案平台流转、送达电子卷宗、法律文书等，实现案件线上办理。该款系鼓励性的规定，各地可以结合本地实际细化落实。

# 五、综合治理

**第二十七条**

人民法院、人民检察院、公安机关和司法行政机关应当积极落实普法责任制，加强道路交通安全法治宣传教育，广泛开展普法进机关、进乡村、进社区、进学校、进企业、进单位、进网络工作，引导社会公众培养规则意识，养成守法习惯。

## 【条文释义】

本条规定了加强普法宣传。

公检法司机关应当积极落实普法责任制，加强道路交通安全法治宣传教育，广泛开展普法进机关、进乡村、进社区、进学校、进企业、进单位、进网络工作，引导社会公众培养规则意识，养成守法习惯。这方面可以采取的举措包括现场宣讲、投放公益广告、张贴警示标语、放置警示桌牌等方式，确保"喝酒不开车，开车不喝酒"的观念进一步深入人心。

**第二十八条**

人民法院、人民检察院、公安机关和司法行政机关应当充分运用司法建议、检察建议、提示函等机制，督促有关部门、企事业单位，加强本单位人员教育管理，加大驾驶培训环节安全驾驶教育，规范代驾行业发展，加强餐饮、娱乐等涉酒场所管理，加大警示提醒力度。

**【条文释义】**

本条规定了加强协同治理。

公安司法机关仅仅是醉驾治理的一个环节、一个方面，如果要更好地治理醉驾，需要全社会共同努力，公检法司机关应当结合自身职能，尤其是司法办案，协同其他部门共同开展醉驾预防等工作。《意见》第28条规定，公检法司机关应当充分运用司法建议、检察建议、提示函等机制，督促有关部门、企事业单位，加强本单位人员教育管理，加大驾驶培训环节安全驾驶教育，规范代驾行业发展，加强餐饮、娱乐场所等涉酒场所管理，加大警示提醒力度。比如对醉驾案件高发的单位发出司法建议、检察建议、提示函等，督促相关单位加强本单位人员教育管理；建议餐饮、娱乐场所张贴警示标语、及时劝阻醉驾人员等。

**第二十九条**

公安机关、司法行政机关应当根据醉驾服刑人员、社区矫正对象的具体情况，制定有针对性的教育改造、矫正方案，实现分类管理、个别化教育，增强其悔罪意识、法治观念，帮助其成为守法公民。

**【条文释义】**

本条规定了加强教育改造。

针对醉驾再犯率逐年增加的问题，《意见》第29条规定，公安机关、司法行政机关应当根据醉驾服刑人员、社区矫正对象的具体情况，制定有针对性的教育改造、矫正方案，实现分类管理、个别化教育，增强其悔罪意识、法治观念，帮助其成为守法公民。比如，对有酒精依赖的服刑人员，要有针对性的加强过量饮酒的危害的教育，安排从事一些社区公益服务，提升服刑人员的社会责任感等。

# 六、附　则

第三十条

本意见自 2023 年 12 月 28 日起施行。《最高人民法院　最高人民检察院　公安部关于办理醉酒驾驶机动车刑事案件适用法律若干问题的意见》(法发〔2013〕15 号) 同时废止。

## 【条文释义】

本条是关于《意见》生效时间及其与"2013 年意见"关系的规定。

《意见》于 2023 年 12 月 28 日起生效施行，同时"2013 年意见"失效。对于《意见》生效施行前发生的案件，总体上按照从旧兼从轻原则处理。对被告人处理有利的，参照《意见》规定处理；对被告人处理不利的，如《意见》新增加的从重处理情节，不能适用；各地已出台的地方标准轻于《意见》相关规定的，过渡期可以继续按照地方标准处理。

# 第四部分

# 实务问答

《意见》印发后，各地在办案中又遇到了一些需要对《意见》条文进行再解释、再细化、再区分的问题或者《意见》没有考虑到的细节问题，并请示咨询最高检一厅。最高检一厅进行了研究，有的问题也征求了其他单位意见，形成了答复和解答，供各地在办案中参考。

1. 问：《意见》中出现 3 个数据：80 毫克 /100 毫升、150 毫克 /100 毫升、180 毫克 /100 毫升，这 3 个数据各自的指示含义是什么？

答：（1）在道路上驾驶机动车，呼气检测显示行为人的血液酒精含量达到 80 毫克 /100 毫升以上就存在犯罪嫌疑，公安机关即决定是否立案。80 毫克 /100 毫升属于醉酒标准。

（2）在道路上驾驶机动车，血液酒精含量达到 80 毫克 /100 毫升以上，不满 150 毫克 /100 毫升，且有 2023 年《意见》第 10 条规定的 15 种从重处理情节之一的，以危险驾驶罪处理。

（3）在道路上驾驶机动车，对于血液酒精含量达到 150 毫克 /100 毫升以上的案件，不再考虑其他犯罪情节，直接以危险驾驶罪处理。

（4）在道路上驾驶机动车，血液酒精含量超过 180 毫克 /100 毫升的，一般不适用缓刑。

2. 问：《意见》第 10 条和第 14 条的适用关系是什么样的？《意见》第 10 条规定的一些情形与《意见》第 14 条规定的一些情形存在重合，在第 10 条中有的情节是作为入罪情节的，在第 14 条中又作为一般不得判处缓刑的情形，是否存在重复评价问题？

答：《意见》的适用逻辑是先结合《意见》第 4 条、第 10 条和第 12 条判断行为是否构成危险驾驶罪，在符合入罪标准后，再依据第 14 条看，是否应当判处实刑，两者是相互独立的。比如，在道路上驾驶机动车，血液酒精含量为 100 毫克 /100 毫升，有无证驾驶机动车情节，按照《意见》第 4 条、第 10 条和第 12 条规定，该行为构成危险驾驶罪。判定构成犯罪后，在确定量刑时，根据第 14 条规定，一般不得适用缓刑，可以判处实刑。

再比如，行为人 3 年前有一次酒驾记录，本次醉驾，血液酒精含量为 100 毫克 /100 毫升，按照《意见》第 4 条、第 10 条和第 12 条规定，不符合"二年内曾因饮酒后驾驶机动车被查获或者受过行政处罚的"从重条件，就不构成危险驾驶罪。既然不构成危险驾驶罪，就不用再考虑是否符合第 14 条规定的"五年内曾因饮酒后驾驶机动车被查获或者受过行政处罚的"，一般应当判处实刑的问题。如果行为人血液酒精含量达到 155 毫克 /100 毫升，同时 3 年前有酒驾记录，那么按照第 14 条第 8 项规定，一般就应当判处实刑。

醉驾只有一个刑罚档，即 6 个月以下拘役并处罚金，《意见》第 14 条将构罪案件中的某些情节作为判处实刑的标准，虽然其中有些情节同时也是入罪情节，但是并没有将相关情节作为升档的情节评价，是否判处缓刑只是在同刑档中的刑罚执行方式的不同，因此不存在重复评价。

3. 问：《意见》第 5 条第 2 款规定，对于机关、企事业单位、厂矿、校园、居民小区等单位管辖范围内的路段是否认定为"道路"，应当以其是否具有"公共性"，是否"允许社会机动车通行"作为判断标准。实践中，不同的单位管理得宽严不一，有的非常严格，有的基本不管，有的管理较松，上述单位路段的"公共性"要达到何种程度才能够认定属于"道路"？

答："公共性"包含着路段的开放性、车辆的不特定性等特征。"道路"是醉酒危险驾驶犯罪的重要构成要件，典型的道路就是供不特定多数车辆自由通行的公路等路段，企事业单位、厂矿、校园、居民小区等单位管辖范围内的路段要认定为危险驾驶罪中的"道路"要与典型的"道路"的特征相当。有的小区、单位内部各种公共服务机构较多且没有进出车辆的管理，也就是说任何车辆来往自由，这些特征决定了其与典型道路没有区别。但是有的单位来访人员相对固定，外加对进出车辆有一定管理，其与典型道路就应当有所区别。管理严格程度、管理方式不同是正常现象，总的来说，对进出单位管辖路段有一定管理、限制的，认定为"道路"就需要慎重。单纯的在这种路段内醉酒驾驶机动车，能够用刑罚之外的手段解决的就要慎用刑罚。当然，如果行为人从外面的公路开回该类单位内部，因为外部路段是道路，对在外部路段驾驶的行为就应当认定为醉酒驾驶。如果行为人从单位内部路段出发，准备驶出单位上路行驶的，内部路段如不属于"道路"，则不能认定为在道路上醉酒驾驶。

**4. 问**：造成交通事故且负事故全部或者主要责任的，是否包括单方交通事故？

**答**：按照道路交通安全法第 119 条规定，"交通事故"是指车辆在道路上因过错或者意外造成的人身伤亡或者财产损失的事件。按照该定义，单方事故也是交通事故，也有责任认定问题。如果醉驾导致单方事故，本人又负全部责任或者主要责任，说明行为人严重醉酒，行为的危险性跟造成双方事故没有区别。因此，在入罪评价时，不应该跟双方事故有所区别，单方事故且负事故全部或者主要责任，可以作为 150 毫克 /100 毫升以下的案件的入罪情节。但是入罪后在从重处理程度上应区别于造成他人受伤财损的情形，因为行为人本人因自己的行为遭受了损失，相当于受到了惩罚，故可以适当从宽处理。这是对"2013 年意见"理解与适用的精神，新《意见》出台后也是适用的。

**5. 问**："未取得机动车驾驶证驾驶汽车"如何理解？

**答**："未取得机动车驾驶证驾驶汽车"是指自始未取得过机动车驾驶证。曾经取得，但因为各种原因被暂扣、注销和吊销的都不属于"未取得机动车驾驶证"。

6. 问：准驾车型与实际驾驶的车辆不符，是否属于"未取得机动车驾驶证驾驶汽车"？

答：实际驾驶的汽车是否与驾驶证准驾车型相符合，按照公安机关发放的驾驶证允许驾驶的车型具体判断。如果被吊销的驾照对应的准驾车型与实际驾驶车辆相符的，不属于自始未取得；被吊销的驾照对应的准驾车型与实际驾驶车辆不符的，属于自始未取得。当然，未被吊销驾照的，如果驾驶的汽车与驾照允许驾驶的车型不符的，属于"未取得机动车驾驶证驾驶汽车"。

7. 问：交警在高速收费站进口里面设卡，车辆通过收费站后行驶几十米被引导至检查区，被查出醉酒驾驶，是否属于"在高速公路上驾驶"这一从重情节？

答：进了高速路收费站，就属于"在高速公路上驾驶"。没有进收费站，就不属于"在高速公路上驾驶"。进入收费站被查获，在处理时，可以与已经在高速公路长距离驾驶车辆的处理有所区别，主要考虑尚未长距离驾驶、没有发生危害后果等，可适当予以从宽处理。

8. 问：如果在普通路段被查处，是否需要查明行为人经过的所有路段中是否途经高速公路？

答：需要。检察机关需要要求公安机关查明行为人行驶的路段是否途经高速公路。

9. 问：关于《意见》第 10 条第 9 项中的"驾驶重型载货汽车的"如何认定，是否包括专项作业车，如重型非载货专项作业车，吊车、灌浆车、铲车、叉车？

答：根据行业标准《道路交通管理机动车类型》（GA802—2019），重型载货汽车是指总质量大于或等于 12000kg 的载货汽车，不含专项作业车。核查"重型载货汽车"类型，不考虑是否实际载货。

10. 问：是否所有的逃避、阻碍公安机关依法检查的行为都可以作为入罪情节？

答：按照《意见》第 10 条，"逃避、阻碍公安机关依法检查的"在特定条件下属于入罪情节。但是"逃避、阻碍公安机关依法检查的"情节存在轻重之分，有的人被查处时由于紧张、懊悔、害怕等原因短暂地未配合依法检查，如未摇下车窗、不配合吹气、躲闪等，这在一定程度上属于行为人被查处时的正常反应，不宜作为入罪和从重处理情节。对于长时间不配合、采用主动的阻碍行为妨碍依法检查的，可以作为入罪和从重处理情节考虑。

11. 问：有些醉驾行为人在距离检查点 50—100 米处，看到有公安人员查禁酒驾后，选择掉头或拐入另一条路段（未冲卡，不违反交通法规的掉头和变道），但被公安机关部署在掉头路段和拐弯路段的公安人员查获（在掉头或拐弯路段被公安人员拦停后配合检查），是否属于"逃避、阻碍公安机关依法检查"的行为？

答：属于逃避检查。对于行为人明知公安机关在前方依法开展检查的情况下，出于避开检查的目的，调头或者拐入另一条路段，属于积极的逃避行为，应当认定为逃避公安机关依法检查。当然也不排除，行为人的目的就在调头或者拐入的路段，要结合主客观情况具体认定。对于调头或者拐入其他路段又遇到检查，停车配合检查的，综合各方面情况，可以予以从宽处理。

12. 问："逃避、阻碍公安机关依法检查的"是否限定在被公安人员拦停进入临检区域后有"逃避、阻碍"行为，对于车辆实际未进入公安机关临检区域而弃车逃跑的行为如何认定？

答：要结合主客观情况具体认定。行为人明知公安机关在前方依法开展检查的情况下，出于避开检查的目的，弃车逃跑的，即属于逃避公安机关依法检查。

13. **问**：关于"二年内曾因饮酒后驾驶机动车被查获或者受过行政处罚的""五年内曾因危险驾驶行为被判决有罪或者作相对不起诉的"期限和起算时间如何计算？

**答**：这里的"二年"或"五年"是从本次醉驾行为实施之日到上次酒驾、醉驾行为实施之日。

14. **问**：具有危险驾驶以外的其他犯罪前科记录的，是否可以认定为从重处理情形？是否需要区分罪名类型？如盗窃前科是否作为从重处理情形，以及是否有犯罪间隔年限要求？

**答**：《意见》第10条第15项规定的兜底条款应当严格控制适用。该项在特定条件下属于入罪情节，为确保入罪标准的统一、平等，应当从严把握，不应当扩张适用到其他前科劣迹。当然如果醉驾本身就构成犯罪，其他前科劣迹是可以作为酌定处理情节考虑的。

15. **问**：因其他犯罪在缓刑考验期间，实施醉驾行为的，酒精含量为150毫克/100毫升以下的，是否可以认定为具有"其他需要从重处理的情形"，可否入罪？

**答**：在该种情况下，不宜将在缓刑考验期内醉驾作为"其他需要从重处理的情形"。如果按照法律规定，因为醉驾行为可以撤销缓刑的，依法予以撤销缓刑。如果醉驾本身就构成犯罪，不仅要撤销缓刑，还要依法从严追究刑事责任。

16. **问**：对于醉酒驾驶机动车，但在刑事案件处理期间又饮酒驾驶机动车的（即先醉驾后酒驾），是否应当从重处理？

答：事后酒驾一般不宜作为前一次醉驾入罪的情节考虑。但是如果前一次醉驾行为本身构成犯罪，刑事案件处理期间又酒驾的，应予酌情从重处罚。

17. 问：对于已经刑事拘留的案件作相对不起诉或者免予刑事处罚后，如果符合道路交通安全法有关行政拘留的规定，是否需要再建议给予行政拘留？

答：《意见》第 20 条第 2 款规定，人民法院、人民检察院适用但书不起诉、判决无罪或者相对不起诉、免予刑事处罚的案件，对被不起诉人、被告人需要予以行政处罚的，应当提出检察意见或者司法建议，移送公安机关依照第 1 款规定处理。对于作出相对不起诉的案件，是否予以行政处罚，以 "需要" 为前提。对于在刑事诉讼程序中已经被采取刑事拘留措施的，没有必要再提出予以行政拘留的检察意见，但是可以提出给予罚款的处罚意见。

18. 问：有关部门在城市道路边划定的收费停车位是否属于 "公共停车场"？在该类停车位上挪车、停车入位、交接车辆等能否适用《意见》第 12 条第 3、4 项规定？

答：各类车位属于公共停车场。在该类停车位上挪车、停车入位、交接车辆等适用《意见》第 12 条第 3、4 项的有关规定，可以认为情节显著轻微、危害不大。

19. 问：有的行为人醉酒驾驶，血液酒精含量不满 150 毫克 /100 毫升，且无从重处罚情节，停放车辆后，因为与他人产生争执，故意倒车撞坏他人车辆的，是否构成危险驾驶罪？

答：该人在驾车撞坏他人车辆之前的行为，依照《意见》难以构成危险驾驶罪。如果其停放车辆的路段属于"道路"，再次启动车辆驾驶，并撞坏他人车辆的，属于在道路上醉酒驾驶机动车，且因为造成事故，应当构成危险驾驶罪。如果造成他人车辆损失较大，达到故意毁坏财物罪标准的，应当与危险驾驶罪择一重罪处罚。如果停放车辆的路段不属于"道路"，不能认定为危险驾驶罪，但是如果符合相关犯罪的立案标准，可能涉及构成故意毁坏财物罪、寻衅滋事罪或者按照普通的民事侵权、治安违法行为处理。

20. **问**：驾驶人看到前方有民警查处醉驾，距离民警尚有一段距离，即靠边停车，民警上前查处的。驾驶人的行为是否属于逃避公安机关依法检查？

**答**：这种情况下，如果行为人靠边停车或者原地停车后，并没有弃车逃跑、驾车逃跑的举动，不宜认定为行为人具有"逃避公安机关依法检查"的从重处理情节。

第五部分

典型案例

## 1. 依法从严从重处理的典型案例

# 案例一　路某喜危险驾驶案
### ——醉酒程度深且造成事故等实害后果的从重处罚

【关键词】

危险驾驶　血液酒精含量高　交通事故　从重处罚

【要旨】

血液酒精含量越高，醉酒程度越深。对于血液酒精含量高，醉酒程度深，且造成交通事故等实害的醉驾行为，应当依法从严追诉并从重处罚。

【基本案情】

被告人路某喜，男，55岁，无业。

2021年10月4日12时许，路某喜在河南省郑州市航空港实验区八千办事处路庄村朋友家中聚餐饮酒，同日13时30分许，路某喜无证驾驶小型面包车行驶至路庄村村民委员会门口处时，将路边行人陈某甲撞倒，路某喜驾车逃逸。与陈某甲同行的村民陈某乙骑电动车追赶500米将路某喜拦下，并拨打电话报警，120救护车到达现场后将陈某甲送至医院。经鉴定，路某喜血液酒精含量为423.54mg/100ml。经认定，路某喜负事故全部责任，陈某甲不负责任。

## 【案件办理】

2022 年 2 月 28 日，河南省郑州市公安局航空港实验区分局以路某喜涉嫌危险驾驶罪移送航空港实验区人民检察院审查起诉。检察机关审查认为，路某喜在道路上醉酒驾驶机动车，犯罪事实清楚，证据确实、充分，应当以危险驾驶罪追究其刑事责任。鉴于路某喜无证驾驶机动车，主观恶性大；醉酒程度高，造成交通事故负全部责任且肇事后逃逸，犯罪情节恶劣，社会危险性大，应当依法从重处罚。2022 年 3 月 18 日，航空港实验区人民检察院以路某喜涉嫌危险驾驶罪提起公诉，并建议顶格处刑，航空港实验区人民法院采纳检察机关的指控和量刑建议，判决路某喜犯危险驾驶罪，判处拘役六个月，并处罚金人民币二万元。路某喜服判未上诉。

# 案例二　丁某危险驾驶案

## ——同时具有从重和从宽情节的要综合考量后作出总体上从宽或者从严的处理

【关键词】

危险驾驶　交通事故负全部责任　肇事逃逸　从重处罚

【要旨】

行为人醉酒驾驶机动车造成交通事故，为逃避法律责任逃离现场，给他人的人身、财产安全造成现实危险的，应当从重处罚。对于同时具有从重处理和从宽处理情节的案件，要综合两方面情节，在作出"总体上从宽"或者"总体上从严"的判断后依法处理。

【基本案情】

被告人丁某，男，60岁，某单位退休职工。

2023年4月17日21时许，丁某饮酒后驾驶小型汽车，从重庆市两江新区大竹林街道出发，行驶途中与蔡某甲停放在路边的一辆二轮摩托车发生碰撞并造成车辆受损。事故发生后，丁某未停留继续驾车向前行驶。蔡某甲的朋友蔡某乙见状，驾驶摩托车追上丁某，告知丁某撞到他人车辆发生事故的情况，并拦停丁某驾驶的汽车。后丁某不听劝阻仍继续驾车行驶，并将蔡某乙及其停放在丁某车前的二轮摩托车撞倒，再次引发车辆受损、蔡某乙皮肤擦伤的交通事故。经认定，丁某负交通事故全部责任。经鉴定，丁某的血液酒精含量为 206.7mg/100ml。案发后，丁某赔偿事故对方蔡某甲、蔡某乙经济损失并取得谅解。

**【案件办理】**

2024 年 1 月 2 日，重庆市公安局两江新区分局以丁某涉嫌危险驾驶罪移送重庆市渝北区人民检察院审查起诉。检察机关经审查认为，丁某犯罪后如实供述犯罪事实，自愿认罪认罚，赔偿损失并取得谅解，具有多项从宽处罚情节；同时，丁某在发生交通事故后未作停留离开事故现场，后被他人拦停仍欲驾车离开，再次引发交通事故，具有负事故全部责任、逃逸的从重处罚情节。丁某的犯罪行为危险性较高，并对他人的人身、财产安全造成了现实侵害，主观恶性较大，应当整体评价为犯罪情节恶劣，作出从严的判断和处理。1 月 25 日，渝北区人民检察院以丁某涉嫌危险驾驶罪提起公诉。经审理，2 月 6 日，渝北区人民法院采纳检察机关指控和量刑建议，判决丁某犯危险驾驶罪，判处拘役四个月，并处罚金人民币八千元。丁某服判未上诉。

# 案例三　孙某双危险驾驶案

## ——逃避公安机关依法检查的，依法从重处理

【关键词】

危险驾驶　逃避检查　妨害司法　从严处理

【要旨】

行为人醉酒驾驶机动车遇公安机关设卡检查，为逃避法律追究驾车逃跑躲避检查，妨害司法的，应从重处理，依法从严追究刑事责任。

【基本案情】

被告人孙某双，男，48岁，无业。

2021年4月23日19时52分许，孙某双饮酒后驾驶小型汽车，沿黑龙江省肇州县肇州镇中亚路由南向北行驶至中亚路与发展街交叉路口时，公安机关执勤人员示意其停车接受检查，孙某双驾车逃跑至肇州县二井镇家中，后被民警在家中抓获。经鉴定，孙某双血液酒精含量为92.60mg/100ml。

【案件办理】

2022年3月16日，肇州县公安局以孙某双涉嫌危险驾驶罪移送肇州县人民检察院审查起诉。检察机关经审查认为，孙某双血液酒精含量为

92.60mg/100ml，驾车逃跑以躲避公安机关依法检查，应从严处理。2022年4月6日，肇州县人民检察院以孙某双涉嫌危险驾驶罪提起公诉。

肇州县人民法院经审理认为，孙某双在道路上醉酒驾驶机动车，并采取驾车逃离的方式躲避公安机关依法检查，应从严追究刑事责任。2022年4月22日，肇州县人民法院判决孙某双犯危险驾驶罪，判处拘役一个月，并处罚金人民币三千元。孙某双服判未上诉。

# 案例四　苏某福危险驾驶案
## ——在高速公路上醉驾的，依法从重处理

【关键词】

危险驾驶　在高速公路上驾驶　从严处理

【要旨】

行为人在高速公路上醉酒驾驶机动车，行驶速度快、危险系数高，对道路交通安全的危害性大，应从重处理，依法从严追究刑事责任。

【基本案情】

被告人苏某福，男，50岁，无业。

2023年3月19日22时许，苏某福饮酒后驾驶小型汽车并搭载朋友杨某某等4人，从重庆市涪陵区同乐镇出发，经南两高速、石渝高速从南岸区下道后往沙坪坝区方向行驶，于同日23时22分许行驶至渝中区嘉滨路时被设卡民警查获，行驶距离约100公里。经鉴定，苏某福血液酒精含量为86.60mg/100ml。

【案件办理】

2023年9月25日，重庆市公安局渝中区分局以苏某福涉嫌危险驾驶罪移送渝中区人民检察院审查起诉。检察机关经审查认为，苏某福在

高速公路上醉酒驾驶机动车并载人，驾驶时间长，行驶距离远，对道路交通安全的危害性大，应以危险驾驶罪追究其刑事责任。2023 年 9 月 27 日，渝中区人民检察院以苏某福涉嫌危险驾驶罪提起公诉。

渝中区人民法院经审理认为，苏某福在道路上醉酒驾驶机动车，并具有在高速公路上驾驶的从重处理情节，依法应当追究其刑事责任。苏某福到案后如实供述犯罪事实，认罪认罚，可从轻处罚。2023 年 10 月 8 日，渝中区人民法院采纳检察机关的指控与量刑建议，判决苏某福犯危险驾驶罪，判处拘役一个月，缓刑四个月，并处罚金人民币四千元。苏某福服判未上诉。

## 2. 醉驾构成其他犯罪或者数罪并罚的典型案例

# 案例一 梁某栋交通肇事案

## ——醉驾造成交通事故构成交通肇事罪的，依法从严从重处理

### 【关键词】

醉酒驾驶 交通肇事 择一重罪处罚 逃避法律追究 判处实刑

### 【要旨】

醉酒驾驶机动车发生交通事故，构成交通肇事罪等其他犯罪的，应当依照处罚较重的规定定罪。对造成他人重伤或者死亡，逃避法律追究，未赔偿损失取得谅解的，依法从严从重处理。

### 【基本案情】

被告人梁某栋，男，26岁，海南省东方市某酒吧营销人员。

2021年11月27日6时许，梁某栋饮酒后驾驶小型汽车行驶至海南省东方市永安西路天南货仓前路段时，因未礼让行人致使车辆碰撞正在前方通过人行横道的陈某某。梁某栋拨打120急救电话后，弃车逃至亲戚李某某家中并告知酒后发生交通事故，梁某栋与李某某返回事故现场。李某某与被害人家属交谈欲"顶包"但未果，此时梁某栋一直在现场外围观看，未承认其肇事者身份，后又自行返回李某某家中。当日7时许，交警到达

现场拨打梁某栋电话劝其投案，梁某栋回到现场接受调查。陈某某送医后经抢救无效死亡。经鉴定，梁某栋血液酒精含量为 125mg/100ml。经交通事故认定，梁某栋负事故全部责任。经鉴定，陈某某系生前因交通事故外力作用致颅脑损伤出血合并胸腔脏器损伤出血造成失血休克死亡。案发当日，梁某栋支付陈某某家属 50000 元丧葬费，后续未进行赔偿。

## 【案件办理】

2021 年 12 月 30 日，东方市公安局以梁某栋涉嫌交通肇事罪提请东方市人民检察院批准逮捕。经审查，梁某栋肇事后逃逸，与欲"顶包"人李某某有串供行为，具有社会危险性，于 2022 年 1 月 4 日被检察机关批准逮捕。2022 年 1 月 14 日，东方市公安局以梁某栋涉嫌交通肇事罪移送东方市人民检察院审查起诉。检察机关经审查认为，梁某栋醉酒驾驶机动车，案发后虽然拨打急救电话，但弃车逃离事故现场，中途返回时也未与被害人家属沟通表明身份，并欲让他人"顶包"，后又逃离事故现场，应认定为交通肇事后逃逸。梁某栋经规劝后投案并如实供述犯罪事实，依法可以认定为自首。梁某栋表示自愿认罪认罚，但没有再进行后续赔偿，也未取得谅解。综合考虑被害人家属意见、被告人悔罪、赔偿情况以及社会危害性，检察机关认为梁某栋的行为同时构成危险驾驶罪和交通肇事罪，根据想象竞合处断原则和罪责刑相适应原则，应当以处罚较重的交通肇事罪追究其刑事责任，且虽有自首情节但不予减轻处罚，严格控制从宽幅度。2022 年 2 月 7 日，东方市人民检察院以梁某栋涉嫌交通肇事罪提起公诉，建议判处有期徒刑三年二个月。

东方市人民法院经审理认为，梁某栋违反道路交通运输管理法规，醉酒后驾驶机动车，因而发生重大事故，致一人死亡，负事故全部责任，并在肇事后逃逸，其行为构成交通肇事罪。2022 年 3 月 3 日，东方市人民法院判决认定梁某栋犯交通肇事罪，判处有期徒刑三年二个月。梁某栋服判未上诉。

# 案例二　续某伦以危险方法危害公共安全案

## ——综合多种因素认定醉驾行为是否构成
## 以危险方法危害公共安全罪

**【关键词】**

醉酒驾驶　逃避检查　连续违法驾驶　交通事故　择一重罪处罚

**【要旨】**

对具有逃避检查冲卡、肇事逃逸后连续违法驾驶、冲撞车辆或人群等情形的醉驾行为，应结合醉酒程度、违法情节、行车速度、时空环境、危害后果等因素，综合判定是否足以危害公共安全以及行为人对危害后果是否存在故意。对醉驾行为达到与放火、决水、爆炸等相当危害程度，行为人对危害后果存在放任等心理，危害不特定多数人安全的，应当以以危险方法危害公共安全罪从严追究刑事责任。

**【基本案情】**

被告人续某伦，男，30岁，北京某科技有限公司员工，案发时处于诈骗罪缓刑考验期。

2022年3月11日21时许，续某伦饮酒后驾驶小型汽车行驶至北京市东城区永定门外大街木樨园桥北公交车站附近主路时，发现前方有酒驾夜查点。为逃避检查，续某伦以50公里/小时左右车速倒车逃跑。倒车100米左右时与杨某某驾驶的小型汽车发生碰撞，致该车安全气囊弹出，车前部机盖、发动机、气囊等大部分部件损毁，杨某某胸腹部外伤、软组织损伤。随后，续某伦在主路掉转车头进入右侧车道，以 70 公里 / 小时左右车速由北向南继续逆行 100 米左右，又与韦某某驾驶的小型汽车发生碰撞，致该车右侧前后车门损坏。续某伦继续驾车掉头驶入辅路，顺向以 80 公里 / 小时左右的车速超速行驶，由南向北逃跑时发现另一夜查点，遂右转驶入路东侧一胡同内，被民警截获。经鉴定，续某伦血液酒精含量为 102.10mg/100ml。经交通事故认定，续某伦负事故全部责任。经鉴定，事故两车受损共计 52148 元。案发后，续某伦赔偿事故被害方经济损失并取得谅解。

## 【案件办理】

2022 年 3 月 17 日，北京市公安局东城分局以续某伦涉嫌危险驾驶罪移送东城区人民检察院审查起诉。经公安机关补充侦查与检察机关自行侦查查明，案发地点在北京市中轴线主路，案发时为人车高峰时段，续某伦为逃避检查违法倒车逆行，并以较高速度行驶，连续两次造成事故后逃逸，在无路可逃时被迫停止驾驶。检察机关经审查认为，续某伦客观上实施了与放火、决水、爆炸等危害性相当的行为，造成不特定多数人的人身和财产损害危险，主观上具有放任危害公共安全后果发生的故意，以危险驾驶罪不足以全面、客观评价其醉驾行为的社会危害性，应认定为以危险方法危害公共安全罪。2022 年 4 月 8 日，东城区人民检察院以续某伦涉嫌以危险方法危害公共安全罪对其决定逮捕，同月 12 日提起公诉。

东城区人民法院经审理认为，续某伦为逃避检查，醉酒驾驶机动车在道路上违法倒车、逆行，导致发生交通事故，危害公共安全，应以以危险方法危害公共安全罪予以惩处。续某伦自愿认罪认罚，赔偿被害人损失并取得谅解，可从轻处罚。2022 年 5 月 20 日，东城区人民法院判决续某伦犯以危险方法危害公共安全罪，判处有期徒刑三年，撤销前罪（诈骗罪）缓刑，数罪并罚，决定执行有期徒刑四年。

# 案例三　郭某刚危险驾驶、妨害公务案

## ——醉酒危险驾驶又构成妨害公务罪等
## 其他犯罪的，应数罪并罚

【关键词】

危险驾驶　驾车冲卡　暴力阻碍检查　妨害公务　数罪并罚

【要旨】

醉驾行为人为逃避法律追究，采取驾车冲卡、暴力击打执法民警、辅警等方式逃避、阻碍公安机关依法检查，情节严重的，应认定构成妨害公务罪。醉酒危险驾驶又构成妨害公务罪、袭警罪等其他犯罪的，应当依照数罪并罚的规定处罚。

【基本案情】

被告人郭某刚，男，46岁，山西省长治市某单位工作人员。

2021年1月8日20时30分许，郭某刚饮酒后驾驶小型越野汽车行驶至山西省省道324线−68公里潞城区交通局路段时，遇民警设卡检查。郭某刚未按辅警要求停车接受检查，而是停车后突然加速向前，将车旁的辅警别倒。郭某刚驾车继续前行十几米后，被执勤的其他民警拦停。停车后，郭某刚拒不配合呼气检测，将辅警手中的呼气酒精含量检测仪和执法记录仪抢走，并持呼气酒精含量检测仪戳打辅警。当日22时

10 分许，郭某刚被民警带至长治市公安局潞城分局强制采血。采血完毕后，郭某刚又将搀扶其的民警推倒在地。经鉴定，郭某刚血液酒精含量为 199.56mg/100ml。

【案件办理】

2021 年 1 月 17 日，长治市公安局潞城分局以郭某刚涉嫌危险驾驶罪、妨害公务罪提请潞城区人民检察院批准逮捕。检察机关经审查认为，郭某刚醉酒驾驶机动车被公安机关查获后拒不配合检查，并以驾车闯卡剐倒辅警、抢夺呼气酒精含量检测仪击打辅警等暴力方法阻碍公安机关依法执行职务，且其从被查获到被带至公安机关期间一直抗拒检查，长达一个多小时，构成妨害公务罪。郭某刚行为性质恶劣，采取取保候审尚不足以防止社会危险性发生，检察机关以郭某刚涉嫌危险驾驶罪、妨害公务罪，依法对其批准逮捕。2021 年 3 月 22 日，公安机关将本案移送审查起诉。2021 年 4 月 6 日，潞城区人民检察院以郭某刚涉嫌危险驾驶罪、妨害公务罪提起公诉。

潞城区人民法院经审理认为，郭某刚在道路上醉酒驾驶机动车，又暴力阻碍国家机关工作人员依法执行职务，应从重处罚。2021 年 7 月 2 日，潞城区人民法院判决郭某刚犯危险驾驶罪，判处拘役三个月，并处罚金人民币三千元；犯妨害公务罪，判处有期徒刑八个月；数罪并罚，决定执行有期徒刑八个月，并处罚金人民币三千元。郭某刚服判未上诉。

## 3. 醉酒认定的典型案例

# 案例一　李某锋危险驾驶案

——提取血样前脱逃，可以以呼气酒精含量
检测结果作为认定醉酒的依据

## 【关键词】

危险驾驶　交通事故　逃避检查　呼气酒精含量定案　从重处罚

## 【要旨】

醉驾行为人呼气酒精含量检测后，为逃避法律追究，在提取血样前脱逃或者找人"顶替"的，可以以呼气酒精含量检测结果作为认定其醉酒的依据。

## 【基本案情】

被告人李某锋，男，60 岁，某单位退休职工。

2020 年 7 月 21 日 22 时许，李某锋饮酒后驾驶悬挂套牌小型汽车，沿河北省保定市恒祥大街由北向南行驶至隆昌路口时，逆行驶入对向车道，与刘某某驾驶的小型汽车相撞，致二车受损。经呼气检测，李某锋呼出气体的血液酒精含量为 175mg/100ml。在提取血样前，李某锋自称突发心脏病需要救治，离开事故现场，并甩开跟随的民警，导致未能提取血样。经交通事故认定，李某锋负事故全部责任。案发后，李某锋赔偿刘某某经济损失并取得谅解。

**【案件办理】**

2020 年 7 月 24 日，保定市公安局莲池区分局对李某锋涉嫌危险驾驶罪立案侦查。公安机关围绕李某锋故意逃避提取血样的情节，调取了相关监控录像、手机通话记录、就诊病历材料等证据，证明李某锋并无需要及时救治的疾病，存在逃避法律追究的行为。2020 年 7 月 27 日，公安机关以李某锋涉嫌危险驾驶罪移送莲池区人民检察院审查起诉。检察机关经审查认为，李某锋在抽取血样前脱逃，依法可以以其呼气酒精含量检测结果作为认定醉酒的依据。2020 年 7 月 28 日，莲池区人民检察院以李某锋涉嫌危险驾驶罪提起公诉。

莲池区人民法院经审理认为，李某锋在道路上醉酒驾驶机动车的行为已构成危险驾驶罪，且造成交通事故并负全部责任，逃避公安机关依法检查，应从重处罚。李某锋自愿认罪认罚，赔偿被害人损失并取得谅解，可从轻处罚。2020 年 8 月 31 日，莲池区人民法院判决李某锋犯危险驾驶罪，判处拘役三个月，并处罚金人民币六千元。李某锋服判未上诉。

# 案例二　郭某森危险驾驶案

## ——发生事故后现场再次饮酒的，
## 以查获后血检结果作为认定醉酒的依据

## 【关键词】

危险驾驶　无证驾驶　二次饮酒　妨害司法　从重处罚

## 【要旨】

发生道路交通事故后，醉驾行为人为逃避法律追究，在呼气酒精含量检测或者提取血液样本前故意饮酒的，可以以查获后血液酒精含量鉴定意见作为认定其醉酒的依据。有无证驾驶、造成交通事故且负事故全部责任或者主要责任、妨害司法、曾因饮酒后驾驶机动车被查处等情节的，依法从重处罚。

## 【基本案情】

被告人郭某森，男，26 岁，农民。2020 年 12 月 21 日曾因犯危险驾驶罪被判处拘役三个月，缓刑四个月，并处罚金人民币五千元，至本案案发时，尚在缓刑考验期内。

2021 年 4 月 5 日 18 时许，郭某森饮酒后无证驾驶小型汽车，从甘肃省灵台县独店镇薛家庄村行驶至独店镇姚李村硬化路路段时，因操作不当，车辆闯入路边苹果园中，造成本车受损的单方事故。事故发生后，郭某森电话指使杨某、郭某二人携带驾驶证赶往事故现场。郭某森在现场喝下两罐啤酒后安排郭某以事故车辆驾驶员身份向保险公司报案，保险公司人员到场后要求报警处理，郭某遂以驾驶员身份报案。民警到达现场后调查发现车辆实际驾驶人为郭某森。经交通事故认定，郭某森负事故全部责任。经鉴定，郭某森血液酒精含量为 178mg/100ml。

## 【案件办理】

2021 年 5 月 14 日，灵台县公安局以郭某森涉嫌危险驾驶罪移送灵台县人民检察院审查起诉。检察机关经审查发现，郭某森在事故发生后，因为车辆受损且是酒后无证驾驶，故指使其堂哥郭某"顶包"向保险公司报案。郭某森供认在现场喝酒主要是考虑如果被查出来，公安机关就无法辨别其是何时喝的酒，系为逃避法律追究而再次饮酒，其应承担被查获后血液酒精含量鉴定结果高于其驾车时血液酒精含量的后果，应以血液酒精含量鉴定意见作为认定其醉酒的依据。2021 年 6 月 15 日，灵台县人民检察院以郭某森涉嫌危险驾驶罪提起公诉。

灵台县人民法院经审理认为，被告人郭某森饮酒后在道路上驾驶机动车并发生交通事故，危害公共安全，为逃避法律追究，二次饮酒，经检验其血液酒精含量达到醉酒标准，应认定其行为构成危险驾驶罪。郭某森无证醉酒驾驶机动车，发生道路交通事故且负全部责任，曾因醉驾被刑事追究，应从重处罚。2021 年 8 月 12 日，灵台县人民法院采纳检察机关的指控与量刑建议，撤销原判缓刑，判决郭某森犯危险驾驶罪，判处拘役五个月，并处罚金人民币八千元，与前罪并罚，决定执行拘役六个月，并处罚金人民币一万三千元。郭某森服判未上诉。

## 4. 道路认定的典型案例

# 案例一 董某录危险驾驶案
## ——外来车辆可以自由进出的小区路段属于"道路"

【关键词】

危险驾驶 小区道路认定 交通事故 宽严相济

【要旨】

醉驾刑事案件中的道路认定，应当与道路交通安全法的规定保持一致。道路的主要属性是公共性。对于机关、企事业单位、厂矿、校园、居民小区等单位管辖范围内的路段，是否具有公共性，即是否允许社会机动车辆通行，要从路段是否面向社会不特定车辆开放，通行是否需要特定事由等情况进行综合判断。

【基本案情】

被告人董某录，男，39岁，农民。2023年1月3日17时50分许，董某录在青海省西宁市湟源县城关镇某小区家中饮酒后，驾驶小型汽车准备出小区时，先后与董某某、刘某某停放的两辆小型汽车发生碰撞、刮擦，致使发生三车受损的交通事故。经鉴定，董某录血液酒精含量为224mg/100ml。经交通事故认定，董某录负事故全部责任。案发后，董某录赔偿事故被害方损失并取得谅解。董某录明知他人报警在现场等待，被查获后如实供述犯罪事实。

## 【案件办理】

2023 年 3 月 23 日，湟源县公安局以董某录涉嫌危险驾驶罪移送湟源县人民检察院审查起诉。董某录辩解涉案小区道路不具有公共性，不属于道路交通安全法规定的"道路"，在小区内醉酒驾驶机动车不构成危险驾驶罪。经检察机关自行补充侦查查明，涉案小区管理规定，社会车辆通过扫描车牌后，可以自由进出小区并停放。小区对社会车辆仅收取费用而无其他限制性管理措施，在该管理模式下小区道路具有开放性和公共性，符合道路交通安全法关于"道路"的认定标准。2023 年 3 月 31 日，湟源县人民检察院以董某录涉嫌危险驾驶罪提起公诉。

湟源县人民法院经审理认为，董某录血液酒精含量为 224mg/100ml，且造成交通事故，应从重处罚。董某录具有自首情节，已赔偿被害人损失并取得谅解，可从轻处罚。2023 年 5 月 5 日，湟源县人民法院判决董某录犯危险驾驶罪，判处拘役二个月，并处罚金人民币二千元。董某录服判未上诉。

# 案例二　王某林危险驾驶案

## ——不具有公共性的居民小区内部道路不宜认定为"道路"

【关键词】

醉酒驾驶　道路　封闭小区　法定不起诉

【要旨】

办理居民小区内醉酒驾驶机动车案件时，应重点审查小区内部道路是否属于危险驾驶罪中的"道路"。可以通过退回补充侦查与亲历性调查等方式，核查居民小区内路段是否具有公共性，是否允许社会机动车通行。对认定不属于危险驾驶罪中的"道路"的案件，依法不认定为危险驾驶罪；符合其他犯罪构成要件的，按照其他犯罪处理。

【基本案情】

被不起诉人王某林，男，57 岁，某公司员工。

2023 年 2 月 14 日 18 时许，王某林和朋友在河北省邯郸市丛台区幸福街与果园路交叉口一饭店吃饭喝酒，散场后通过电话呼叫代驾，由代驾驾驶小型汽车开往邯郸市丛台区某小区家中。当代驾行驶至某小区内王某林居住的一号楼下时，王某林让代驾离开后，自行驾驶车辆在小区内寻找车位，因操作不当撞到郭某某停放的小型汽车，造成两辆车不同程度受损的事故。邯郸市公安局交通巡逻警察支队丛台一大队民警赶到现场后，将王某林查获。经鉴定，王某林血液中乙醇含量为247.39mg/100ml。经邯郸市价格认定中心认定，郭某某的小型汽车损失为人民币一千五百九十元、王某林本人小型汽车损失为人民币一千五百元。经邯郸市公安局交通巡逻管理局丛台一大队认定，王某林承担事故的全部责任，郭某某不承担责任，案发后双方达成和解。

## 【案件办理】

2023 年 7 月 31 日，邯郸市公安局交通巡逻管理局以王某林涉嫌危险驾驶罪移送邯郸市丛台区人民检察院审查起诉。检察机关经审查认为，本案系发生在居民小区内的醉酒驾驶案件，小区内部道路是否属于危险驾驶罪中的"道路"成为本案是否构成犯罪的关键。为准确认定道路性质，检察机关将该案退回公安机关补充侦查，要求公安机关调取代驾转账记录，核查王某林有无在公共道路上行驶，并对小区内部道路情况进行现场勘查，核实该小区道路是否具有封闭性。后承办检察官再次到涉案小区现场查看，走访了小区物业公司，听取了部分业主的意见，最终结合小区物业公司出具的证明、门卫以及多名小区居民的证言，证明该小区在 2022 年老旧小区改造时在出入口设置了道闸及门岗，进出车辆必须录入小区车辆管理系统，不允许业主以外的社会车辆随意通行，故该小区系封闭小区，不具备《中华人民共和国道路交通安全法》中"道路"的"公共性"特征，因此不属于危险驾驶罪中的"道路"。

综上，王某林由代驾开车送至小区院内，不具备醉酒驾驶的故意，在小区内路段行驶时，不属于在道路上醉酒驾驶机动车，虽造成事故但危害较轻，尚不构成其他犯罪，检察机关依法认定王某林不构成危险驾驶罪，于 2023 年 11 月 30 日，对其作出法定不起诉处理。

## 5. 机动车认定的典型案例

# 案例一　杨某福危险驾驶案

## ——超标电动自行车不宜认定为"机动车"

### 【关键词】

危险驾驶　超标电动自行车　主观故意　法定不起诉

### 【要旨】

行为人驾驶的车辆系带脚踏骑行功能的电动自行车，但相关技术指标超过国家标准的，不宜认定为"机动车"，驾驶该类车辆不宜认定为危险驾驶罪。

### 【基本案情】

被不起诉人杨某福，男，48岁，广东省东莞市某制衣厂员工。

2022年1月11日20时31分许，被不起诉人杨某福饮酒后驾驶超标二轮电动自行车（经鉴定属于机动车）在道路上行驶，至广州市增城区新塘镇新塘大道东坭紫路段时被执勤民警现场查获。经鉴定，杨某福血液酒精含量为123.45mg/100mL。

**【案件办理】**

2022 年 5 月 19 日，广州市公安局增城分局以杨某福涉嫌危险驾驶罪向增城区人民检察院移送审查起诉。检察机关在审查时发现车辆属性鉴定报告显示涉案车辆功率、最高时速以及外观等指标均符合电动自行车要求，唯整车质量为 75.35kg，超过 55kg 的国家标准，据此认定该车为机动车。但杨某福提出，其曾因醉酒驾驶超标电动车被刑事处罚，故在购买涉案车辆前特意查看了车辆合格证，还征询了专业人员的意见，确认属于电动自行车后才购买。为查明杨某福主观上是否具有驾驶机动车的故意，检察机关向杨某福调取了购车发票与车辆合格证，实地走访了涉案车辆销售门店，并会同公安机关重新进行实物勘验、称量，核实该合格证真伪及生产商的供货情况，合格证显示杨某福购买的系电动自行车，整车质量为 54kg，车辆现状与杨某福供述的细节吻合，证明涉案电动自行车实际质量与合格证标注不符，车辆未经改装，认为杨某福已尽到注意义务，主观上难以认识到自己驾驶的是机动车，无醉酒驾驶机动车的故意，遂依法对其作出法定不起诉决定。

## 6. 从重处理情节认定的典型案例

# 案例一　王某国危险驾驶案

## ——醉酒驾驶非营运车辆从事网约车服务活动的依法从重处理

### 【关键词】

危险驾驶　网约车　从事客运活动　从重处理

### 【要旨】

驾驶非营运车辆从事网约车"客运活动"且载有乘客的，属于"两高两部"《关于办理醉酒危险驾驶刑事案件的意见》规定的"驾驶机动车从事客运活动且载有乘客"，机动车未取得营运行政许可，不影响该从重情节认定。

### 【基本案情】

被告人王某国，男，35岁，案发前系某网约车平台司机。曾因扰乱公共场所秩序，于2020年8月24日被北京市公安局海淀分局行政拘留七日，并处罚款人民币两百元。

王某国于2023年12月从某运输有限公司租赁一辆非营运性质小型汽车挂靠在某网约车平台从事网约车服务。2024年1月26日3时许，王某国在车内饮用白酒后休息。当日 8 时许，王某国接到网约车平台派单，后载乘客行驶至北京市海淀区四环辅路万泉河桥匝道时发生交通事故，事故相对方报警，民警现场认定王某国负事故全部责任。经鉴定，王某国的血液酒精含量为 242mg/100ml。事发后，王某国赔偿被害方损失 9200 元，并取得谅解。

**【案件办理】**

2024 年 2 月 18 日，北京市公安局海淀分局以王某国涉嫌危险驾驶罪移送海淀区人民检察院审查起诉。本案中，王某国造成交通事故且负事故全部责任，同时，虽然其驾驶车辆登记信息为非营运性质，但实质上是在从事网约车客运活动，案发时车内载有乘客，分别符合《关于办理醉酒危险驾驶刑事案件的意见》第十条第（一）项、第（六）项规定，应当从重处理。此外，根据《关于办理醉酒危险驾驶刑事案件的意见》第十四条第（五）项规定，王某国血液酒精含量明显超过 180 毫克 /100 毫升，不应适用缓刑。综上，检察机关依法提出拘役三个月，并处罚金人民币九千元，不适用缓刑的量刑建议。王某国自愿认罪认罚。2 月 26 日，海淀区人民检察院以王某国涉嫌危险驾驶罪提起公诉。

海淀区人民法院经审理认为，王某国醉酒驾驶机动车从事客运活动且载有乘客，造成交通事故并负事故全部责任，依法从重处罚；鉴于其自首、自愿认罪认罚，依法从轻处罚。3 月 12 日，海淀区人民法院采纳检察机关指控和量刑建议，判决王某国犯危险驾驶罪，判处拘役三个月，并处罚金人民币九千元。王某国服判未上诉。

# 案例二　农某营危险驾驶案

## ——遇临检靠边停车没有逃离现场等行为的
## 不认定为逃避公安机关依法检查

### 【关键词】

危险驾驶　靠边停车　逃避检查　不起诉公开听证

### 【要旨】

醉驾行为人遇交通警察执勤查处酒驾，在距离执勤点不远处靠边停车，如果行为人停车后没有逃离现场或驾车冲卡等行为，并配合依法检查的，不宜认定为"逃避公安机关依法检查"。

### 【基本案情】

被不起诉人农某营，男，34岁，某公司职员。

2023年9月22日3时许，农某营饮酒后驾驶小型汽车行驶至广东省广州市荔湾区芳村大道西出双桥路西473米时，遇交通警察执勤。农某营遂在距离执勤点十余米处靠边停车，且未下车。约二十秒后执勤民警步行到达，对农某营进行检查。经鉴定，农某营的血液酒精含量为125.2mg/100ml。

### 【案件办理】

2024年1月24日，广州市公安局以农某营涉嫌危险驾驶罪移送广州市荔湾区人民检察院审查起诉。移送起诉意见书中，公安机关认定农某营有逃避公安机关依法检查的从重处理情节。检察机关经审查查明，案发当晚农某营饮酒后，聘请了代驾司机前往酒店，因目的地酒店客满，遂打算自行驾车另寻酒店。农某营驾驶车辆行驶约1公里后被查。农某营供述称知道酒驾违法，害怕被交警查到，因此在距查车点十余米处靠边停车但未下车。农某营在执勤路段看到民警时，便靠边停车，虽距离执勤民警有十余米距离，但已经处于执勤民警的可视范围内，其主观上希望避免被民警查获的想法符合即将被查处时的正常心理，其停车后无逃离现场或驾车冲卡的行为，并在民警到达身边时积极配合检查，不宜认定为"逃避公安机关依法检查"。

综上，经审查，农某营血液酒精含量不满150mg/100ml，且无《关于办理醉酒危险驾驶刑事案件的意见》第十条规定的从重处理情形，根据《关于办理醉酒危险驾驶刑事案件的意见》第十二条的规定，可以认定为情节显著轻微、危害不大，拟对其法定不起诉。2024年3月7日，检察机关邀请人大代表、人民监督员，对案件处理进行公开听证，与会人员一致同意检察机关的处理意见。同日，荔湾区人民检察院对农某营作出法定不起诉处理，并进行了训诫和法治教育。

# 案例三 汪某秋危险驾驶案

## ——是否属于五年内曾因饮酒后驾驶机动车被查获受过行政处罚的应当以两次行为发生期间计算

### 【关键词】

危险驾驶 逃避检查 五年内曾因酒驾受过行政处罚

### 【要旨】

醉驾行为人逃避公安机关依法检查的，应当从重处罚。是否认定为五年内曾因饮酒后驾驶机动车被查获，受过行政处罚的，应当以前后两次醉驾（酒驾）行为发生期间的时间计算。

### 【基本案情】

被告人汪某秋，男，36 岁，某公司职员。2018 年 11 月 16 日，汪某秋曾实施饮酒后驾驶机动车的行为，公安机关于 2019 年 5 月 28 日对其作出暂扣机动车驾驶证 6 个月，罚款一千五百元的行政处罚。

2024 年 2 月 5 日晚，汪某秋饮酒后驾驶小型汽车从浙江省淳安县开发路书香名地对面饭店经开发路、环湖南路驶往景湖花园住处。当日 21 时 8 分许，在淳安—环湖南路梦之岛大酒店路段，经过公安机关查处酒驾路段时，汪某秋未按照执勤民警要求停车接受检查，驾车往环湖南路景湖花园方向行驶约 800 米后被民警拦停并接受酒精呼气测试，现场呼气酒精检测值为 148mg/100ml。经鉴定，汪某秋血液中的酒精含量为 155mg/100ml。

## 【案件办理】

2024 年 2 月 20 日，浙江省淳安县公安局以汪某秋涉嫌危险驾驶罪移送淳安县人民检察院审查起诉。公安机关移送犯罪事实中未认定逃避检查情节。检察机关审查案卷材料和监控视频后认为，汪某秋饮酒后驾驶机动车上路行驶，在经过公安机关查处点时，民警示意停车接受检查，汪某秋未停车，并快速从检查通道驶离现场，行驶约 800 米后被民警拦停并进行呼气检测。另查明，2018 年 11 月 16 日，汪某秋因饮酒驾驶机动车被公安机关查获，2019 年 5 月 28 日，公安机关对其作出暂扣机动车驾驶证 6 个月，罚款一千五百元的行政处罚。

检察机关经审查认为，汪某秋醉酒后在道路上驾驶机动车，血液中的酒精含量为 155mg/100ml，按照"两高两部"《关于办理醉酒危险驾驶刑事案件的意见》，其行为已经构成危险驾驶罪。汪某秋逃避检查时未以暴力阻碍公安机关依法执行公务，不构成妨害公务罪或者袭警罪，但应作为危险驾驶罪的从重处罚情节。汪某秋本次醉酒驾驶行为发生时距其上一次饮酒驾驶行为已超过五年，不属于一般不适用缓刑的情形。鉴于汪某秋归案后如实供述，自愿认罪认罚，符合刑法第七十二条之规定，可以适用缓刑。检察机关于 2024 年 2 月 26 日对汪某秋以危险驾驶罪提起公诉，因汪某秋具有逃避检查的从重情节，在基准刑拘役一个月的基础上，增加一个月刑期，鉴于其认罪认罚，扣减十五日的刑期，故向淳安县人民法院提出拘役一个月十五日，缓刑二个月，并处罚金人民币三千元的量刑建议。

淳安县人民法院经审理认为，汪某秋醉酒后在道路上驾驶机动车，构成危险驾驶罪。2024 年 3 月 14 日，淳安县人民法院采纳检察机关指控和量刑建议，判决汪某秋犯危险驾驶罪，判处拘役一个月十五日，缓刑二个月，并处罚金人民币三千元。汪某秋服判未上诉。

## 7. 证据审查认定的典型案例

# 案例一　刘某捷危险驾驶案
## ——血样短时间内未低温保存，
## 经补正或合理解释的，可以采信鉴定意见

### 【关键词】

危险驾驶　血样低温保存　瑕疵证据　补正采信

### 【要旨】

血样的提取、封装、保管、送检等环节未严格按照相关规定程序处理，导致血液酒精含量鉴定意见等证据存在争议，经补正或者作出合理解释可以予以采信，不能补正或者作出合理解释的，应当予以排除。瑕疵证据经补正后，综合其他证据，能够排除合理怀疑的，应当以危险驾驶罪追究刑事责任。

### 【基本案情】

被告人刘某捷，男，36岁，南昌市某单位职工。曾因饮酒后驾驶机动车被行政处罚。

2021年5月13日1时40分许，刘某捷饮酒后驾驶小型汽车从江西省南昌市东湖区某停车场出发，行驶至沿江北大道某宾馆附近时，被执

勤民警查获。经鉴定，刘某捷血液酒精含量为 123.46mg/100ml。

## 【案件办理】

2021 年 9 月 6 日，南昌市公安局东湖分局以刘某捷涉嫌危险驾驶罪移送东湖区人民检察院审查起诉。在审查起诉阶段，刘某捷的辩护律师提出，案发时室外温度约 23℃，刘某捷的血液样本在 12 分钟的运送途中未低温（2℃至 8℃）保存，检材已腐化变质，据此作出的血检鉴定意见不准确，不能作为定案依据。检察机关针对上述辩护意见引导公安机关补充侦查和作出说明。经补正查明，一是根据全国道路交通管理标准化技术委员会出具的说明，血样在常温条件下短时间保存不影响酒精含量的测定，且相关技术规范未设定血样送检途中的温度量化范围；二是通过侦查实验证实，在 12 分钟内常温下和低温下分别运送的同一份血样，血液酒精含量鉴定结果相差微小；三是经江西省人民医院等多家医院血液科专家论证，在 23℃的室外环境下，血样在真空包装下经过 12 分钟的运送路程，不会出现变质、腐化。综上，检察机关认为本案的送检行为并不会导致血样变质，血检鉴定数值真实、客观，可以作为定案依据。2022 年 9 月 1 日，东湖区人民检察院以刘某捷涉嫌危险驾驶罪提起公诉。

东湖区人民法院经审理认为，刘某捷在道路上醉酒驾驶机动车的行为已构成危险驾驶罪，其有酒驾劣迹依法应当从严处理。刘某捷到案后如实供述自己的犯罪事实，自愿认罪认罚，可从轻处罚。2022 年 10 月 18 日，东湖区人民法院采纳检察机关的指控与量刑建议，判决刘某捷犯危险驾驶罪，判处拘役一个月，缓刑二个月，并处罚金人民币一万元。刘某捷服判未上诉。

# 案例二 程某芳危险驾驶案

## ——依法综合审查当事人申请重新鉴定的合理性

【关键词】

危险驾驶 血液酒精含量鉴定 重新鉴定 法定不起诉

【要旨】

仅以血液酒精含量鉴定数值高于呼气检测酒精含量数值申请重新鉴定的，一般不予准许。但是血液酒精含量鉴定数值与呼气酒精含量检测数值差距明显过大、现有证据证明行为人的饮酒量与检测结果可能存在明显不符等情形的，可以准许重新鉴定。

【基本案情】

被不起诉人程某芳，男，51岁，某公司员工。

2024年1月3日20时许，程某芳饮酒后驾驶普通二轮摩托车，由福建省福州市永泰县樟城镇富裕路往永泰县城峰镇冠景酒店方向行驶，途经永泰县城峰镇刘岐大桥桥头路段时被执勤民警查获，现场民警对其进行酒精呼气检测，结果为114mg/100ml。随后，民警带程某芳至永泰县总医院提取血样送检。2024年1月4日，经福建南方司法鉴定中心鉴定，程某芳血液中乙醇含量为156.6mg/100ml。2024年2月6日，经福建行健司法鉴定所重新鉴定，程某芳血液中酒精含量为136.38mg/100ml。

**【案件办理】**

2024年1月10日，在侦查阶段，程某芳向永泰县公安局提出重新鉴定申请。同月22日，永泰县公安局以"所提异议不符合重新鉴定条件"为由作出不准予重新鉴定决定。移送审查起诉后，程某芳再次以"呼气检测酒精含量与血检含量数值差距大"为由提出重新鉴定申请。经承办检察官调查查明，一是以往办理的大多数醉驾案例中血液检测与呼气酒精含量检测差值一般在30mg/100ml以内，该案血液酒精含量鉴定与呼气检测酒精含量差值为42.6mg/100ml，数值差距明显较大。二是程某芳自述当晚18时饮酒，喝了四瓶250ml装喜力牌啤酒，20时许驾驶车辆，根据经验血液酒精含量一般不会达到150mg/100ml。三是血液酒精含量鉴定意见作为定案的关键证据，鉴定意见中的血液酒精含量刚刚超过150mg/100ml，且超过范围低于10%，不排除实际的血液酒精含量低于150mg/100ml。综上，检察机关认定程某芳的重新鉴定申请理由正当，应予以重新鉴定。

2024年2月3日，永泰县人民检察院向永泰县公安局发出《调取证据材料通知书》，要求对程某芳的血液进行重新鉴定。2月6日，经福建行健司法鉴定所司法鉴定，程某芳血液中乙醇含量为136.38mg/100ml。2月27日，承办检察官前往第三方独立司法鉴定机构，对两份血液酒精含量检测报告的程序规范性进行咨询，该机构法医认为两份报告均符合鉴定规范。结合呼气检测结果和两次鉴定结果，检察机关采信第二次血液酒精含量鉴定结果作为认定醉酒的依据。

检察机关综合全案认为，经重新鉴定程某芳血液中酒精含量为136.38mg/100ml，无从重处理情节，根据"两高两部"《关于办理醉酒危险驾驶刑事案件的意见》第十二条规定，属情节显著轻微、危害不大。2024年2月28日，永泰县人民检察院对程某芳作出法定不起诉决定。2024年3月1日，永泰县人民检察院向永泰县公安局发出《检察意见书》，督促该局对被不起诉人程某芳进行行政处罚。

# 案例三　刘某危险驾驶案

## ——使用醇类消毒药品提取血样可通过侦查实验补正采信

【关键词】

危险驾驶　醇类消毒药品　侦查实验　补正采信

【要旨】

医务人员提取血样时，违反国家强制性标准，采用醇类药品对皮肤进行消毒，导致血液酒精含量鉴定意见存在争议，通过侦查实验等方式进行补正或者作出合理解释的，可予以采信。瑕疵证据经补正后，综合其他证据能够排除合理怀疑的，应当依法追究刑事责任。

【基本案情】

被告人刘某，男，36岁，某公司法定代表人。2019年4月17日，刘某因醉酒驾驶机动车被辽宁省沈阳市和平区人民法院判决免予刑事处罚。

2021年10月10日1时许，刘某饮酒后驾驶小型汽车，行驶至辽宁省沈阳市和平区和平大街文体路附近时，发现交警设卡检查遂下车逃跑，被交警控制后不积极配合公安机关呼气酒精含量检测等检查。交警将刘某带至某医院抽取静脉血样。经鉴定，刘某血液酒精含量为223.8mg/100ml。

**【案件办理】**

2023年2月22日，沈阳市公安局和平分局以刘某涉嫌危险驾驶罪移送和平区人民检察院审查起诉。和平区检察院经审查认为，本案中医务人员违反《车辆驾驶人员血液、呼气酒精含量阈值与检验》（GB19522—2010）5.3.1之规定，提取血样时采用醇类药品（安尔碘Ⅱ型）对皮肤进行消毒，所提取血样受到污染，血液酒精含量鉴定意见无法作为定案依据，经退回补充侦查，本案证据仍不符合起诉条件。同年6月12日，经检察委员会讨论决定，和平区检察院对刘某作出存疑不起诉决定并报沈阳市检察院备案。沈阳市检察院经审查认为，使用醇类药品进行消毒是否影响血液中酒精含量存疑，可以通过侦查实验等方式进一步查明，如果对血液中酒精含量的影响很小，则鉴定意见可以采信，遂向辽宁省人民检察院请示。

辽宁省检察院审查认为，本案血样是否受到污染可以通过侦查实验等方式进行验证。同年9月7日，根据检察机关的意见，公安机关组织10名实验对象（20—60岁，男性8人，女性2人）参与侦查实验，实验对象中5人饮酒、5人不饮酒，在医院采血区由专业护士对该10人分别使用安尔碘Ⅱ型（含醇）、安尔碘Ⅲ型（不含醇）及碘伏（不含醇）三种消毒药品对皮肤进行消毒并提取血样，按照专业规范保存、送检。侦查实验结果显示，使用醇类药品消毒对血液中酒精含量的影响极小，检测差值范围为-5.7mg/100ml至1.9mg/100ml，即检测数值降低至多5.7mg/100ml，增高至多1.9mg/100ml。上述侦查实验结果能够印证血液酒精含量检测结果的客观真实性，可以补正提取血液的程序瑕疵，鉴定意见可以采信。综合考虑犯罪嫌疑人刘某血液中酒精含量为223.8mg/100ml，远高于醉酒危险驾驶的立案标准，结合其供述当日饮酒情况等其他证据，足以排除其未达醉酒标准的合理怀疑。同年12月15日，沈阳市检察院经检察委员会讨论决定，撤销和平区检察院原存疑不起诉决定。2024 年 1 月 4 日，和平区检察院以被告人刘某犯危险驾驶罪依法提起公诉。

和平区人民法院经审理认为，刘某在道路上醉酒驾驶机动车的行为已构成危险驾驶罪，其五年内曾因犯危险驾驶罪被免予刑事处罚，且逃避公安机关依法检查，依法从重处理。刘某到案后如实供述自己的犯罪事实，依法从轻处罚。2024 年 1 月 29 日，和平区法院判决刘某犯危险驾驶罪，判处拘役三个月，并处罚金人民币一万五千元。刘某服判未上诉。

# 案例四 蒋某龙危险驾驶案

## ——血样未当场封装，经补正或合理解释，可以采信鉴定意见

### 【关键词】

危险驾驶 瑕疵证据 血样采集与封装 侦查人员出庭

### 【要旨】

血样的提取、封装、保管、送检等环节未严格按照相关规定程序处理，导致血液酒精含量鉴定意见等证据存在争议，经补正或者作出合理解释可以予以采信，不能补正或者作出合理解释的，应当予以排除。瑕疵证据经补正后，综合其他证据，能够排除合理怀疑的，应当以危险驾驶罪追究刑事责任。

### 【基本案情】

被告人蒋某龙，男，39岁，本科文化，广西某医学检验实验室有限公司员工。

2020年10月24日0时50分许，被告人蒋某龙酒后驾驶小型汽车，沿南宁市秀厢大道辅道由滨江立交桥往邕武立交桥方向行驶，行驶至南宁市兴宁区邕武立交桥桥下辅道路段时，与摆放在路段右侧机动车道上的警用摩托车相撞，警用摩托车被撞后又与另一小型汽车左侧车身发生

碰撞，造成三车不同程度损坏的道路交通事故。经鉴定，蒋某龙血液酒精含量为 150.5mg/100ml。

## 【案件办理】

2021 年 7 月 23 日，南宁市公安局兴宁分局以蒋某龙涉嫌危险驾驶罪向南宁市兴宁区人民检察院移送审查起诉。同年 12 月 8 日，兴宁区人民检察院以蒋某龙涉嫌危险驾驶罪向兴宁区人民法院提起公诉。庭审阶段，蒋某龙的辩护人提出，公安机关在血样提取现场未将血样放密封袋封装，事后自行密封也没有进行同步录音录像，不能认定鉴定意见的血样与现场提取的被告人血液的同一性，在案鉴定意见不足以采信。检察机关围绕被告人血样提取、送检程序，会同侦查机关调取了案发当晚提取血样的护士及带队民警的证言，对血样封装、保存过程进行补正和合理解释。补正证据证明，抽血护士在抽取血样时已按照护理规范操作进行，且提取血样时有执法记录仪全程录像；蒋某龙血样抽取后一直在民警控制之下，民警将血样带回大队封装，但当时因执法记录仪没电故未能对封装过程全程同步录像，低温保存后于当天送检。围绕血样封存状态和保存情况，引导侦查机关调取了本案鉴定机构关于蒋某龙血样情况的书面说明，据以证明本案送检物证封装袋及抗凝管封装在鉴定前完好，试管编号一致，鉴定机构血样保存环境符合标准要求，不影响鉴定结论，进一步排除了血样被污染、调换、变质的可能。第二次开庭时，经法庭允许，检察机关申请公安机关办案人员出庭作证，对被告人血样的相关情况进行了现场说明。2022 年 11 月 30 日，南宁市兴宁区人民法院经审理采信了相关证据，以危险驾驶罪判处蒋某龙拘役二个月，缓刑三个月，并处罚金人民币五千元。蒋某龙服判未上诉。

# 案例五　欧某危险驾驶案

## ——对行为人驾车有疑问的，综合多种证据查明真实情况

### 【关键词】

危险驾驶　血液酒精含量高　酒驾劣迹　从重处罚

### 【要旨】

对于非现场查获，行为人辩解非本人驾车的，可以通过调取目击证人、共同饮酒人员、接处警人员等知情人员的证言以及饮酒场所、驾车沿线、事故现场监控视频等视听资料等证据，查明行为人驾车情况。

### 【基本案情】

被告人欧某，男，60岁，无业。曾因酒驾被行政处罚。

2020年12月14日23时30分许，被告人欧某饮酒后驾驶小型汽车，途经内环快速道路，行驶至重庆市两江新区金兴大道陡溪立交附近路段时，与路边右侧路沿石发生碰撞，致欧某左脚受皮外伤、车辆受损的交通事故。经认定，欧某负事故的全部责任。经鉴定，欧某血液中酒精含量为319.2mg/100ml。事故发生后，欧某在驾驶室睡着，后经路过的群众报警，民警赶至现场将欧某查获。

**【案件办理】**

2022年3月8日，重庆市公安局两江新区分局以欧某涉嫌危险驾驶罪移送重庆市渝北区人民检察院审查起诉。承办检察官审查发现，被告人欧某到案后拒不供述犯罪事实，否认自己醉驾，辩称当晚晚饭后其在路边找了一个没有穿工服的代驾，代驾驾车造成事故后离开，其从后座挪至驾驶室休息睡着。承办检察官以被告人从饮酒结束至发生交通事故被查获的时间轴为坐标，针对性地引导公安机关对沿途监控进行全面梳理、绘制完整的行车路线图，查找目击的报案群众获取证言、组织辨认，完善证明被告人饮酒、酒后全程一人驾车、行驶中有明显异常驾驶行为、造成事故及车损的证据，排除存在其他被告人的可能，织牢织密证据锁链。鉴于被告人欧某酒精含量高达319.2mg/100ml，造成交通事故且负事故全部责任，曾因饮酒驾驶被行政处罚，无认罪悔罪表现，主观恶性大，社会危害性大，检察机关建议对欧某以危险驾驶罪顶格量刑。在庭审中，检察机关采取多媒体示证、当庭播放监控视频、申请交通事故的处警民警出庭作证等方式，成功完成犯罪指控。2022年8月11日，经渝北区人民法院审理，判决欧某拘役六个月，并处罚金人民币一万两千元。欧某因醉酒后驾驶机动车被公安机关科处吊销机动车驾驶证，五年内不得重新取得的行政处罚。

## 8. 缓刑适用的典型案例

# 案例一　马某危险驾驶案
——被告人有意愿、有能力赔偿但被害方要求的赔偿
数额明显过高导致未实际赔偿的不属于"未赔偿损失"

【关键词】

危险驾驶　轻微交通事故　未赔偿损失　缓刑适用

【要旨】

因醉酒驾驶机动车发生轻微交通事故，且负事故全部或主要责任，行为人本人有意愿、有能力赔偿，因被害方要求的赔偿数额明显不当，且事故相对方无法提供相应赔偿依据而未能达成一致的，不属于"两高两部"《关于办理醉酒危险驾驶刑事案件的意见》规定的"未赔偿损失"的情形，符合缓刑条件的，可以适用缓刑。

【基本案情】

被告人马某，男，27 岁，务工人员。

2024 年 2 月 10 日 0 时许，被告人马某饮酒后驾驶小型汽车行驶至北京市通州区京榆旧线白庙检查站时，与前方古某同向驾驶的小型普通客车发生交通事故，致二车损坏，后被到场民警查获。经鉴定，

马某血液酒精含量为 149mg/100ml。经北京市公安局公安交通管理局通州交通支队潞河大队认定，马某承担事故全部责任，古某无责任。被告人马某明知他人报警在现场等候民警，到案后能够如实供述自己的罪行。

**【案件办理】**

2024 年 2 月 22 日，北京市公安局通州分局以被告人马某涉嫌危险驾驶罪移送通州区人民检察院审查起诉。经审查认定，被告人马某体内血液酒精含量为 149mg/100ml，造成事故且负事故全部责任，应当从重处理，但本次事故造成的车辆损坏极其轻微，经询问事故双方，均表示车损部位为车牌挤压导致的车辆后部有轻微圆孔状变形。审查起诉期间，承办检察官多次联系事故相对方，就赔偿问题开展工作，对方始终拒绝接受赔偿，也不谅解被告人。承办检察官认为醉酒驾驶后发生轻微交通事故的，非因嫌疑人或被告人原因导致的赔偿问题未能解决，不宜认定为"未赔偿损失"而不适用缓刑，故通州区人民检察院于 2024 年 2 月 28 日以马某涉嫌危险驾驶罪提起公诉，建议法院判处马某拘役二个月，缓刑二个月，并处罚金人民币四千元。法院审理期间，被告人仍表示愿意赔偿对方损失，但事故对方要求赔偿过高，且不愿意出具相应证据证明车辆实际损失，双方仍未能就赔偿问题达成一致。

通州区人民法院经审理认为，马某在道路上醉酒驾驶机动车，发生交通事故，且负事故全部责任，依法应当追究其刑事责任。马某有自首情节、自愿认罪认罚，可从轻处罚。2024 年 3 月 7 日，通州区人民法院采纳通州区人民检察院指控和量刑建议，判决马某犯危险驾驶罪，判处拘役二个月，缓刑二个月，并处罚金人民币四千元。马某服判未上诉。

# 案例一　张某宝危险驾驶案

## ——为停车短距离挪车的，可以认定为
## 情节显著轻微，危害不大

【关键词】

危险驾驶　短距离挪车　情节显著轻微　公开听证　法定不起诉

【要旨】

对于入库停车、交接车辆、短距离挪车等行为，要综合驾驶目的、行驶环境、行驶速度与距离长短等因素综合判断醉驾行为的危险性和行为人的主观恶性，属于情节显著轻微、危害不大的，不认为是犯罪。

【基本案情】

被不起诉人张某宝，男，54岁，农民。

2021年1月3日20时许，张某宝饮酒后雇请代驾将其送回山东省济宁市梁山县马营镇某社区，代驾人员将车辆停放在张某宝居住的小区门口路边后离开。张某宝意欲将车辆停放至小区内停车位，倒车时因速度缓慢阻碍后车前行而与他人发生争吵。他人报警，张某宝在现场等待被民警查获。经鉴定，张某宝血液酒精含量为184.60mg/100ml。

## 【案件办理】

2021年9月14日，梁山县公安局以张某宝涉嫌危险驾驶罪移送梁山县人民检察院审查起诉。检察机关经审查认为，一是张某宝主观恶性不大，其由代驾送至小区门口，为了进入小区停车而短距离挪车行驶；二是对公共安全的危害性小，案发时间为冬季晚上，案发地所在道路为小区外小道，该时段车辆行人较少，其倒车距离不足两米，未造成任何实际损害；三是张某宝被查获后主动交代了醉驾事实，自觉接受调查处理。综合全案情节，检察机关认为张某宝醉酒驾驶机动车的行为，情节显著轻微、危害不大，不认为是犯罪，拟对张某宝作法定不起诉处理。2021年9月29日，检察机关邀请人大代表、政协委员、人民监督员、侦查人员，对案件处理进行公开听证，同时邀请部分代驾公司和从业人员旁听，听证人员一致同意检察机关的处理意见。梁山县人民检察院当场宣布对张某宝作出法定不起诉决定，并对其予以训诫。

# 案例二　徐某凯危险驾驶案

## ——为避免妨碍他人通行，短距离挪车的，可以认定为情节显著轻微，危害不大

【关键词】

危险驾驶　道路　挪车　法定不起诉

【要旨】

对于完全开放式的社区、小区的内部路段，依法认定为"道路"。为了避免车辆妨碍他人通行，醉酒后短距离将车辆挪至停车位等场所的，属于情节显著轻微、危害不大。

【基本案情】

被不起诉人徐某凯，男，33岁，个体户。

2022年7月9日晚，徐某凯与朋友在饭店吃饭期间饮酒。23时45分许，徐某凯聘请了代驾司机，代驾司机驾驶徐某凯的小型汽车，将其送至租住的邯钢农林路生活区甲5号楼楼下，双方因代驾费用产生纠纷。报警后，邯郸市交巡警邯山二大队及农林路派出所民警先后赶至现场调解处理。凌晨2时许，在对双方调解期间，徐某凯驾驶自己的小型汽车行驶约20米将车挪至车位。代驾司机发现后向在场民警反映徐某凯酒后驾驶。经鉴定，徐某凯血液酒精含量为164.45mg/100ml。

## 【案件办理】

2023 年 4 月 10 日，邯郸市公安局交通巡逻管理局以徐某凯涉嫌危险驾驶罪移送邯郸市邯山区人民检察院审查起诉。检察机关审查过程中发现，该案中小区内路段是否属于危险驾驶罪中的"道路"存在疑问。针对该问题，承办检察官通过走访调查，了解到该生活区属于大型综合性社区，内有幼儿园、小学、街道办事处、派出所等公共服务设施，属于允许社会车辆通行的开放式小区，该小区内的路段当属"道路"。徐某凯为了避免其车辆妨碍通行，将停在小区道路上的车辆驾驶约 20 米后挪入车位，主观恶性较小；其行为发生在凌晨 2 时许，车辆和行人较少，危害公共安全的现实危险性小。检察机关综合全案情节认定徐某凯醉酒后驾驶机动车的行为，情节显著轻微危害不大，根据《中华人民共和国刑法》第十三条的规定，不认为是犯罪。2023 年 9 月 6 日，邯郸市邯山区人民检察院依法对徐某凯作出法定不起诉决定。

<h1 style="text-align:center">案例三　王某朝危险驾驶案</h1>

——停车入位发生轻微事故可以认定为情节显著轻微

## 【关键词】

危险驾驶　紧急送医　停车入位　轻微事故

## 【要旨】

"两高两部"《关于办理醉酒危险驾驶刑事案件的意见》中规定的"未取得机动车驾驶证驾驶汽车"是指行为人自始从未取得过汽车驾驶证驾驶汽车。曾经取得过汽车驾驶证被吊销、注销或者暂扣的，不属于从重处理情节。醉酒后路侧停车入位时发生轻微事故，可以认定为情节显著轻微。超过五年的酒驾行政处罚记录，不影响情节显著轻微的认定。

## 【基本案情】

犯罪嫌疑人王某朝，男，51 岁，个体户。2010 年 8 月 25 日，王某朝因醉驾被山东省聊城市公安局交巡警支队罚款一千五百元，暂扣机动车驾驶证 6 个月。后因其未参加学习，驾驶证被注销。2017 年 10 月 26 日，王某朝因饮酒后驾驶机动车，被聊城市公安局交巡警支队开发区大队罚款一千元。

2023 年 10 月 21 日 21 时 40 分许，王某朝妻子邵某雁驾驶小型汽车载王某朝及 4 岁儿子到医院为儿子就医，行驶至聊城市人民医院急诊外辅道处，因邵某雁无法完成侧方停车，邵某雁及儿子下车，王某朝驾驶该车侧方入位时剐蹭到李某在辅道停放的小型汽车。事故发生后李某报警，王某朝在现场等待。经认定，王某朝负事故全部责任。经鉴定，王某朝血液酒精含量为 86.5mg/100ml，王某朝提出重新鉴定申请。经重新鉴定，王某朝血液酒精含量为 91.59mg/100ml。2023 年 10 月 23 日，王某朝赔偿李某损失五百元并取得谅解。经查，邵某雁名下涉案小型汽车当晚行驶至案发地点前均系邵某雁驾驶。聊城市人民医院急诊病历显示案发时间王某朝儿子因"口腔疼痛、抽搐、发烧症状"到该院就医。2023 年 11 月 22 日，聊城市公安局交巡警支队直属二大队对王某朝未取得驾驶证驾驶机动车的行为作出罚款一千元的处罚决定。

## 【案件办理】

2023 年 11 月 22 日，聊城市公安局对王某朝涉嫌危险驾驶罪立案侦查。因王某朝曾经两次酒驾被行政处罚且被注销驾驶证，再次醉酒驾车且发生事故，"两高两部"《关于办理醉酒危险驾驶刑事案件的意见》出台后，公安机关对王某朝是否可以认定情节显著轻微存在争议，聊城市公安局交巡警支队犯罪侦查大队启动侦监协作机制，与聊城市东昌府区人民检察院会商。

聊城市东昌府区人民检察院侦监协作办公室联席会议研判认为：辅道路侧停车属于在道路上驾驶机动车。根据《关于办理醉酒危险驾驶刑事案件的意见》，虽然王某朝曾因酒驾醉驾受过两次行政处罚，但距本案发生均超过两年，且其被注销驾驶证不属于自始未取得汽车驾驶证，不属于从重处理情节。王某朝此次本无醉驾故意，送子就医过程中全程由其妻子驾车，但确因其妻子驾驶技术不好无法完成侧方停车，出于急于救治儿子的考虑不得已驾驶停车，仍然处于急救送医的过程中。王某朝为停车入位而仅挪动车辆不超过 5 米，驾驶距离短，虽然造成事故，但系轻微事故，综合考虑可以认定为情节显著轻微、危害不大。综上，经聊城市东昌府区人民检察院侦监协作办公室联席会议讨论，王某朝涉嫌危险驾驶案情节显著轻微、危害不大，检察机关同意公安机关对王某朝作撤销案件处理。2024 年 3 月 1 日，聊城市公安局依法撤销该案。

## 10. 相对不起诉的典型案例

# 案例一　童某飞危险驾驶案
## ——自愿参与公益服务可以作为拟不起诉的考量因素

**【关键词】**

危险驾驶　情节轻微　志愿交通服务　相对不起诉

**【要旨】**

综合考虑醉驾行为人驾驶的动机和目的、醉酒程度、机动车类型、道路情况、行驶时间、速度、距离以及认罪悔罪表现等因素，认为属于犯罪情节轻微的，可以作相对不起诉处理。检察机关可以将行为人自愿参与公益服务等情况作为考察认罪悔罪表现的考量因素。开展社会公益服务要根据行为人的具体情况，合理确定服务内容、时长及完成时限，提升行为人守法意识和社会责任感。

**【基本案情】**

被不起诉人童某飞，男，30岁，浙江某公司员工。

2022年11月6日0时54分许，童某飞饮酒后驾驶小型汽车，从浙江省建德市梅城镇某烧烤店行驶至南洋路时，被执勤民警当场查获。经鉴定，童某飞血液中酒精含量为153.60mg/100ml。

【案件办理】

2022 年 11 月 7 日，童某飞因醉酒驾驶机动车被建德市公安局科处吊销机动车驾驶证，五年内不得重新取得的行政处罚。2022 年 11 月 11 日，建德市公安局以童某飞涉嫌危险驾驶罪移送建德市人民检察院审查起诉。检察机关经审查认为，童某飞血液中酒精含量为 153.60mg/100ml，驾驶时间系深夜，行驶距离较短，行驶路段车辆及行人较少，无其他从重处理情节，犯罪情节轻微，可以考虑作相对不起诉处理。2022 年 11 月 15 日，童某飞向检察机关提出自愿参与公益服务申请，检察机关与公安机关对接后，由公安机关为其安排早晚高峰交通文明劝导公益服务。检察机关持续跟进、抽查童某飞参与公益服务进程及完成情况。在志愿服务期内，童某飞分批次完成了共计 24 小时的交通文明劝导公益服务，撰写了心得体会、悔罪材料，并自愿通过微博、微信及抖音小视频等渠道进行普法宣传，以自身事例说明醉驾危害。公安机关综合其表现情况出具了"好"的志愿服务评价。检察机关认为，童某飞在道路上醉酒驾驶机动车的行为已构成危险驾驶罪，具有坦白、认罪认罚等从轻情节，主观恶意不深，并积极参与社会公益服务活动，悔罪态度好，犯罪情节轻微，依照刑法规定不需要判处刑罚。2022 年 12 月 7 日，建德市人民检察院对童某飞作出相对不起诉决定，并对其进行训诫及法治教育。

# 案例二　刘某安危险驾驶案

## ——发生单方事故的可以综合考量从宽处理

**【关键词】**

危险驾驶　单方交通事故　轻微财产损失　相对不起诉

**【要旨】**

醉酒驾驶机动车，血液酒精含量相对较低，仅造成单方交通事故，综合考虑驾驶动机和目的、醉酒程度、道路情况、行驶时间、速度、距离以及造成损害程度、认罪悔罪表现等因素，属于犯罪情节轻微的，可以作出不起诉处理。

**【基本案情】**

被不起诉人刘某安，男，55岁，农民。

2023年9月20日19时30分许，刘某安在朋友家饮酒后驾驶小型汽车回家，从江西省赣州市赣县区田村镇田面村行驶至田村镇村岭村路段时，因操作不当，车辆驶入路边水沟中，造成本车受损的单方事故。事故发生后，刘某安在车上睡觉。经群众报警，刘某安被赶到现场的执勤民警带至医院接受检查。经交通事故认定，刘某安负事故全部责任。经鉴定，刘某安血液酒精含量为109.8mg/100ml。2023年11月20日，赣州市公安局交通警察支队吊销刘某安机动车驾驶证，且五年内不得重新取得。

【案件办理】

2024 年 1 月 9 日，赣州市赣县区公安局以刘某安涉嫌危险驾驶罪移送赣县区人民检察院审查起诉。检察机关经审查认为，根据"两高两部"《关于办理醉酒危险驾驶刑事案件的意见》，刘某安血液酒精含量为 109.8mg/100ml，在道路上驾驶机动车，造成交通事故并负全部责任，其行为已构成危险驾驶罪。承办检察官实地走访了案发路段和现场，询问当地群众，并调取案发路段的监控录像后，综合审查认为刘某安驾驶时间为晚上，行驶路段为农村道路，车速较慢，周围车辆及行人稀少，行驶距离不足 1 公里，对道路交通安全的危害性相对较小；虽然发生交通事故，但仅造成本车轻微受损，未造成人身伤亡和他人财产受损后果，无其他从重处罚情节；系初犯，到案后如实供述犯罪事实，自愿认罪认罚，可以认定为犯罪情节轻微，依照刑法规定不需要判处刑罚，拟对刘某安作出相对不起诉处理。刘某安表示自愿参与公益服务，交警部门安排其开展维持交通秩序、纠正不文明交通行为的志愿活动，检察机关根据交通协勤公益服务完成情况，认定其认罪悔罪态度较好，综合上述情节，于 2024 年 1 月 30 日，对刘某安作相对不起诉处理，并对其进行训诫和法治教育。

# 案例三　李某林危险驾驶案

## ——未成年人醉驾的，依法从宽处理

## 【关键词】

危险驾驶　摩托车　在校未成年学生　赔偿谅解　相对不起诉

## 【要旨】

对在校学生等未成年人醉酒驾驶机动车的，实行教育、感化、挽救的方针，坚持教育为主、惩罚为辅的原则，根据事实和情节，有从宽处理情节的，依法从宽处理。

## 【基本案情】

被告人李某林，男，17 岁，某职业学校高三学生。

2021 年 10 月 2 日 1 时 40 分许，李某林饮酒后驾驶普通二轮摩托车由广东省翁源县翁城镇黄塘村往翁城街方向行驶，途经翁源县翁城街中国农业银行门口路段时，与在路边停放的小型轿车发生碰撞，造成李某林受伤及二车损坏的交通事故。公安民警到翁源县第二人民医院查获肇事人员李某林，并对其进行抽血取样。经鉴定，李某林血液酒精含量为 165.87mg/100ml。经认定，李某林负事故的全部责任。

**【案件办理】**

2021 年 12 月 6 日，翁源县公安局以李某林涉嫌危险驾驶罪向翁源县人民检察院移送审查起诉。检察机关综合全案情节认为，李某林醉酒后在道路上无证驾驶机动车发生交通事故，且负事故全部责任，其行为构成危险驾驶罪，其到案后如实供述犯罪事实，自愿认罪认罚，已履行赔偿责任并获得谅解，无违法犯罪前科，系未成年在校学生，经调查了解有较好的家庭监管及社会帮教条件，根据《中华人民共和国刑法》第三十七条的规定，依法对李某林作出不起诉处理。

## 11. 快速办理机制的典型案例

# 案例一 李某东危险驾驶案
## ——适用快速办理机制的案件，
## 一般在 30 日内完成侦诉审工作

【关键词】

危险驾驶 侦监协作 繁简分流 快速办理

【要旨】

对于现场查获，未造成交通事故，事实清楚，证据确实、充分，法律适用没有争议，行为人自愿认罪认罚的醉驾案件，一般应当适用快速办理机制。执法司法机关应在遵循法定程序，保障当事人权利的前提下，简化办案流程和文书制作，积极探索设立醉驾案件集中办案场所，充分发挥侦查监督与协作配合办公室、法律援助工作室、道路交通法庭等平台机制作用，提升执法司法效率，实现醉驾案件高效优质办理。

【基本案情】

被告人李某东，男，26 岁，无业。

2023 年 5 月 9 日 1 时许，李某东饮酒后驾驶小型汽车，从四川省成都市温江区南浦路方向往温江区南熏大道方向行驶，行驶至温江区杨柳西路中段某路段时，被执勤民警查获。经鉴定，李某东血液酒精含量为223.20mg/100ml。

**【案件办理】**

2023 年 5 月 12 日，成都市公安局温江区分局对李某东涉嫌危险驾驶罪立案侦查，并依法、全面、规范收集证据材料。侦查终结后，温江区公安分局、温江区人民检察院侦查监督与协作配合办公室会商认为，本案属于事实清楚，证据确实、充分，犯罪嫌疑人自愿认罪认罚的醉驾案件，符合适用"简案优质办"机制快速办理条件。2023 年 5 月 26 日，温江区公安分局按照繁简分流工作机制，以李某东涉嫌危险驾驶罪移送温江区人民检察院审查起诉。同日，检察机关在公安交管部门执法办案中心设置的集中办案场所，就地完成案件受理审查、权利义务告知，并通知司法局派驻值班律师为李某东提供法律帮助。2023 年 5 月 31 日，温江区人民检察院完成案件审查和文书制作后，将连同本案在内适用"简案优质办"机制的 5 件醉驾案件提起公诉。

2023 年 6 月 7 日，温江区人民法院在公安交管部门设立的道路交通法庭，对该 5 件案件适用速裁程序集中公开审理，并邀请 20 余名交通违法行为人旁听。温江区人民法院当庭判决李某东犯危险驾驶罪，判处拘役二个月，并处罚金人民币四千元。李某东服判未上诉。

# 案例二 邱某云危险驾驶案

## ——建立健全快速办理机制，实现醉驾案件 "一站式"集中办理

**【关键词】**

危险驾驶 快速办理机制 "一站式"集中办理

**【要旨】**

对于符合"一般应当适用快速办理机制"条件的醉驾案件，执法司法机关可探索建立符合本地实际的快速办理机制，设立公检法司集中办案区，实行"一站式"集中办理，在确保办案质量的前提下简化工作流程，提高办案效率，实现醉驾案件的优质高效办理。

**【基本案情】**

被告人邱某云，男，34岁，某公司员工。2019年9月4日，邱某云曾因饮酒后驾驶机动车被行政处罚。

2024年2月10日4时许，邱某云饮酒后驾驶小型汽车，从新疆维吾尔自治区乌鲁木齐市天山区金沙滩街出发，行驶至水磨沟区五星北路路段时，被执勤民警查获。经鉴定，邱某云血液酒精含量为185mg/100ml。

## 【案件办理】

"两高两部"《关于办理醉酒危险驾驶刑事案件的意见》实施后，乌鲁木齐市水磨沟区人民检察院会同区法院、公安局、司法局会签《关于醉酒危险驾驶刑事案件适用快速办理机制的实施意见》，在公安机关执法办案管理中心派驻检察官、设置速裁法庭和值班律师办公室，实现醉驾案件诉前繁简分流和"一站式"集中办理。2024 年 2 月 12 日，乌鲁木齐市公安局对邱某云涉嫌危险驾驶罪立案侦查，并于 2 月 26 日移送起诉。经派驻检察官审查后认为属于适用快速办理机制的醉驾案件，通过架设在侦监协作办公室的检察工作网，就地完成案件受理，并同步开展权利义务告知、讯问和认罪认罚具结工作，制作表格式审查报告等工作文书。2024 年 3 月 1 日，水磨沟区人民检察院以邱某云涉嫌危险驾驶罪提起公诉，并建议适用速裁程序审理该案。

2024 年 3 月 7 日，水磨沟区人民法院对包括邱某云在内的 4 件适用速裁程序的醉驾案件集中开庭，逐案审理，集中宣判。水磨沟区人民检察院联合公安机关组织 10 余名饮酒驾驶违法行为人旁听，以案为鉴。水磨沟区人民法院当庭判决邱某云犯危险驾驶罪，判处拘役二个月，并处罚金人民币二千元。邱某云表示服判不上诉。

# 案例三　张某高危险驾驶案

## ——完善公检法信息共享与互联互通，提升办案效率

**【关键词】**

危险驾驶　"3+2+2"快速办理机制　"一站式"办案

**【要旨】**

对于现场查获，未造成交通事故，事实清楚，证据确实、充分，法律适用没有争议，行为人自愿认罪认罚的醉驾案件，一般应当适用快速办理机制。

**【基本案情】**

被告人张某高，男，42岁，湖北省某公司员工。

2020年5月20日0时许，张某高饮酒后驾驶小型汽车行驶至武汉市武昌区中山路隧道南出口附近处时被执勤交警查获。经鉴定，张某高血液酒精含量为164.48mg/100ml。

**【案件办理】**

2020年5月20日，湖北省武汉市公安局武昌区分局对张某高涉嫌危险驾驶罪立案侦查，5月23日，在执法办案中心将该案移送武昌区人民检察院审查起诉。武昌区人民检察院受理后立即进行审查，并安排

值班律师在执法办案中心全程为张某高提供法律帮助，见证张某高签署认罪认罚具结书，在2个工作日内完成审查起诉工作并起诉至法院。5月28日，武昌区人民法院在执法办案中心速裁法庭公开审理该案并当庭宣判，以危险驾驶罪判处张某高拘役三个月，缓刑六个月，并处罚金人民币一万元。

武昌区法院、检察院、公安分局、司法局依托区公安分局交通管理大队执法办案管理中心设置法官办公室、检察官办公室及值班律师工作室，探索推行醉驾刑事案件"3+2+2"快速办理机制，建立派驻专职检察官、法官、律师常驻及定期轮换值班制度；接入检察院、法院办案系统，实现信息共享与互联互通，真正实现"一体化"办公、"一网式"管理；适用"认罪认罚＋速裁程序＋精准量刑建议"工作机制，实行"集中告知、集中讯问、集中具结、集中开庭"的"一站式"办案模式，实现在7个工作日内完成醉驾案件的立案、侦查、起诉、审理、判决等诉讼工作。

## 12. 检察监督的典型案例

# 案例一　洪某燕危险驾驶案

## ——依法加强醉驾案件立撤案监督

### 【关键词】

危险驾驶　不予立案、撤销案件　检察监督

### 【要旨】

检察机关可以依托侦查监督与协作配合机制，会同公安机关建立危险驾驶案件办理会商和监督机制，对是否应当立案、撤销案件存在争议的开展会商，对立案、不予立案、撤销案件存在错误的，依法提出监督意见。

### 【基本案情】

洪某燕，女，37岁，务工人员。

2023年9月11日凌晨，洪某燕饮酒后驾驶小型汽车，行驶至江苏省江阴市澄江街道朝阳路与香叶路路口时，被警察临检查获。经鉴定，洪某燕血液酒精含量为90mg/100ml。

**【案件办理】**

2023 年 9 月 14 日，江阴市公安局对洪某燕涉嫌危险驾驶案立案侦查，同月 21 日洪某燕被取保候审。2023 年 12 月，"两高两部"《关于办理醉酒危险驾驶刑事案件的意见》发布后，江阴市检察院依托侦查监督与协作配合办公室，会同江阴市公安局开展立案在侦危险驾驶案件专项清理活动。江阴市检察院、江阴市公安局对照《关于办理醉酒危险驾驶刑事案件的意见》第十条、第十二条，逐案梳理 330 起危险驾驶犯罪案件，认为洪某燕危险驾驶案等 81 件案件可以认定为情节显著轻微、危害不大。江阴市检察院建议江阴市公安局对洪某燕等醉驾人员开展安全驾驶教育、从事交通志愿服务后，作出撤销案件决定。2024 年 1 月，洪某燕等人至江阴市道路交通安全教育基地接受警示教育，自愿从事"护学岗"交通志愿服务。2024 年 1 月 15 日，江阴市公安局对洪某燕等人作出撤销案件决定。

2024 年 1 月，江阴市检察院会同江阴市公安局制定《关于加强危险驾驶案件不予立案、撤销案件检察监督的意见》，加强对危险驾驶犯罪案件不予立案、撤销案件的研究会商和检察监督机制建设。该意见明确公安机关在作出撤销案件决定后，书面报检察机关备案审查，经审查发现存在错误的，经检察官联席会议讨论、检察长决定，依法提出监督意见。对于是否应当立案、不予立案、撤销案件存在争议的，以及对检察机关监督意见存在异议的，可以提交侦查监督与协作配合办公室会商，必要时可以召开办公室联席会议协商解决。截至 2024 年 3 月 1 日，江阴市公安局向江阴市检察院报送危险驾驶撤销案件备案审查 30 件。截至 3 月 15 日，江阴市检察院经审查，未发现江阴市公安局备案的案件存在执法瑕疵、撤销案件决定错误的情形。

# 第六部分

# 法律法规

# 1.《中华人民共和国刑法》

## （节选）

（根据 2023 年 12 月 29 日第十四届全国人民代表大会常务委员会
第七次会议通过的《中华人民共和国刑法修正案（十二）》修正）

**第十三条**　一切危害国家主权、领土完整和安全，分裂国家、颠覆人民民主专政的政权和推翻社会主义制度，破坏社会秩序和经济秩序，侵犯国有财产或者劳动群众集体所有的财产，侵犯公民私人所有的财产，侵犯公民的人身权利、民主权利和其他权利，以及其他危害社会的行为，依照法律应当受刑罚处罚的，都是犯罪，但是情节显著轻微危害不大的，不认为是犯罪。

**第二十一条**　为了使国家、公共利益、本人或者他人的人身、财产和其他权利免受正在发生的危险，不得已采取的紧急避险行为，造成损害的，不负刑事责任。

紧急避险超过必要限度造成不应有的损害的，应当负刑事责任，但是应当减轻或者免除处罚。

第一款中关于避免本人危险的规定，不适用于职务上、业务上负有特定责任的人。

**第三十七条**　对于犯罪情节轻微不需要判处刑罚的，可以免予刑事处罚，但是可以根据案件的不同情况，予以训诫或者责令具结悔过、赔礼道歉、赔偿损失，或者由主管部门予以行政处罚或者行政处分。

**第七十二条**　对于被判处拘役、三年以下有期徒刑的犯罪分子，同时符合下列条件的，可以宣告缓刑，对其中不满十八周岁的人、怀孕的妇女和已满七十五周岁的人，应当宣告缓刑：

（一）犯罪情节较轻；

（二）有悔罪表现；

（三）没有再犯罪的危险；

（四）宣告缓刑对所居住社区没有重大不良影响。

宣告缓刑，可以根据犯罪情况，同时禁止犯罪分子在缓刑考验期限内从事特定活动，进入特定区域、场所，接触特定的人。

被宣告缓刑的犯罪分子，如果被判处附加刑，附加刑仍须执行。

**第一百三十三条**　违反交通运输管理法规，因而发生重大事故，致人重伤、死亡或者使公私财产遭受重大损失的，处三年以下有期徒刑或者拘役；交通运输肇事后逃逸或者有其他特别恶劣情节的，处三年以上七年以下有期徒刑；因逃逸致人死亡的，处七年以上有期徒刑。

**第一百三十三条之一**　在道路上驾驶机动车，有下列情形之一的，处拘役，并处罚金：

（一）追逐竞驶，情节恶劣的；

（二）醉酒驾驶机动车的；

（三）从事校车业务或者旅客运输，严重超过额定乘员载客，或者严重超过规定时速行驶的；

（四）违反危险化学品安全管理规定运输危险化学品，危及公共安全的。

机动车所有人、管理人对前款第三项、第四项行为负有直接责任的，依照前款的规定处罚。

有前两款行为，同时构成其他犯罪的，依照处罚较重的规定定罪处罚。

# 2.《中华人民共和国道路交通安全法》

（根据 2021 年 4 月 29 日第十三届全国人民代表大会常务委员会
第二十八次会议《关于修改〈中华人民共和国道路交通安全法〉
等八部法律的决定》第三次修正）

## 第一章 总 则

**第一条** 为了维护道路交通秩序，预防和减少交通事故，保护人身安全，保护公民、法人和其他组织的财产安全及其他合法权益，提高通行效率，制定本法。

**第二条** 中华人民共和国境内的车辆驾驶人、行人、乘车人以及与道路交通活动有关的单位和个人，都应当遵守本法。

**第三条** 道路交通安全工作，应当遵循依法管理、方便群众的原则，保障道路交通有序、安全、畅通。

**第四条** 各级人民政府应当保障道路交通安全管理工作与经济建设和社会发展相适应。

县级以上地方各级人民政府应当适应道路交通发展的需要，依据道路交通安全法律、法规和国家有关政策，制定道路交通安全管理规划，并组织实施。

**第五条** 国务院公安部门负责全国道路交通安全管理工作。县级以上地方各级人民政府公安机关交通管理部门负责本行政区域内的道路交通安全管理工作。

县级以上各级人民政府交通、建设管理部门依据各自职责，负责有关的道路交通工作。

**第六条** 各级人民政府应当经常进行道路交通安全教育，提高公民的道路交通安全意识。

公安机关交通管理部门及其交通警察执行职务时，应当加强道路交通安全法律、法规的宣传，并模范遵守道路交通安全法律、法规。

机关、部队、企业事业单位、社会团体以及其他组织，应当对本单位的人员进行道路交通安全教育。

教育行政部门、学校应当将道路交通安全教育纳入法制教育的内容。

新闻、出版、广播、电视等有关单位，有进行道路交通安全教育的义务。

**第七条** 对道路交通安全管理工作，应当加强科学研究，推广、使用先进的管理方法、技术、设备。

## 第二章 车辆和驾驶人

### 第一节 机动车、非机动车

**第八条** 国家对机动车实行登记制度。机动车经公安机关交通管理部门登记后，方可上道路行驶。尚未登记的机动车，需要临时上道路行驶的，应当取得临时通行牌证。

**第九条** 申请机动车登记，应当提交以下证明、凭证：

（一）机动车所有人的身份证明；

（二）机动车来历证明；

（三）机动车整车出厂合格证明或者进口机动车进口凭证；

（四）车辆购置税的完税证明或者免税凭证；

（五）法律、行政法规规定应当在机动车登记时提交的其他证明、凭证。

公安机关交通管理部门应当自受理申请之日起五个工作日内完成机动车登记审查工作，对符合前款规定条件的，应当发放机动车登记证书、号牌和行驶证；对不符合前款规定条件的，应当向申请人说明不予登记的理由。

公安机关交通管理部门以外的任何单位或者个人不得发放机动车号牌或者要求机动车悬挂其他号牌，本法另有规定的除外。

机动车登记证书、号牌、行驶证的式样由国务院公安部门规定并监制。

**第十条** 准予登记的机动车应当符合机动车国家安全技术标准。申请机动车登记时，应当接受对该机动车的安全技术检验。但是，经国家机动车产品主管部门依据机动车国家安全技术标准认定的企业生产的机动车型，该车型的新车在出厂时经检验符合机动车国家安全技术标准，获得检验合格证的，免予安全技术检验。

**第十一条** 驾驶机动车上道路行驶，应当悬挂机动车号牌，放置检验合格标志、保险标志，并随车携带机动车行驶证。

机动车号牌应当按照规定悬挂并保持清晰、完整，不得故意遮挡、污损。

任何单位和个人不得收缴、扣留机动车号牌。

**第十二条** 有下列情形之一的，应当办理相应的登记：

（一）机动车所有权发生转移的；

（二）机动车登记内容变更的；

（三）机动车用作抵押的；

（四）机动车报废的。

**第十三条** 对登记后上道路行驶的机动车，应当依照法律、行政法规的规定，根据车辆用途、载客载货数量、使用年限等不同情况，定期进行安全技术检验。对提供机动车行驶证和机动车第三者责任强制保险单的，机动车安全技术检验机构应当予以检验，任何单位不得附加其他条件。对符合机动车国家安全技术标准的，公安机关交通管理部门应当发给检验合格标志。

对机动车的安全技术检验实行社会化。具体办法由国务院规定。

机动车安全技术检验实行社会化的地方，任何单位不得要求机动车到指定的场所进行检验。

公安机关交通管理部门、机动车安全技术检验机构不得要求机动车到指定的场所进行维修、保养。

机动车安全技术检验机构对机动车检验收取费用，应当严格执行国务院价格主管部门核定的收费标准。

**第十四条** 国家实行机动车强制报废制度，根据机动车的安全技术状况和不同用途，规定不同的报废标准。

应当报废的机动车必须及时办理注销登记。

达到报废标准的机动车不得上道路行驶。报废的大型客、货车及其他营运车辆应当在公安机关交通管理部门的监督下解体。

**第十五条** 警车、消防车、救护车、工程救险车应当按照规定喷涂标志图案，安装警报器、标志灯具。其他机动车不得喷涂、安装、使用上述车辆专用的或者与其相类似的标志图案、警报器或者标志灯具。

警车、消防车、救护车、工程救险车应当严格按照规定的用途和条件使用。

公路监督检查的专用车辆，应当依照公路法的规定，设置统一的标志和示警灯。

**第十六条** 任何单位或者个人不得有下列行为：

（一）拼装机动车或者擅自改变机动车已登记的结构、构造或者特征；

（二）改变机动车型号、发动机号、车架号或者车辆识别代号；

（三）伪造、变造或者使用伪造、变造的机动车登记证书、号牌、行驶证、检验合格标志、保险标志；

（四）使用其他机动车的登记证书、号牌、行驶证、检验合格标志、保险标志。

**第十七条** 国家实行机动车第三者责任强制保险制度，设立道路交通事故社会救助基金。具体办法由国务院规定。

第十八条  依法应当登记的非机动车，经公安机关交通管理部门登记后，方可上道路行驶。

依法应当登记的非机动车的种类，由省、自治区、直辖市人民政府根据当地实际情况规定。

非机动车的外形尺寸、质量、制动器、车铃和夜间反光装置，应当符合非机动车安全技术标准。

第二节  机动车驾驶人

第十九条  驾驶机动车，应当依法取得机动车驾驶证。

申请机动车驾驶证，应当符合国务院公安部门规定的驾驶许可条件；经考试合格后，由公安机关交通管理部门发给相应类别的机动车驾驶证。

持有境外机动车驾驶证的人，符合国务院公安部门规定的驾驶许可条件，经公安机关交通管理部门考核合格的，可以发给中国的机动车驾驶证。

驾驶人应当按照驾驶证载明的准驾车型驾驶机动车；驾驶机动车时，应当随身携带机动车驾驶证。

公安机关交通管理部门以外的任何单位或者个人，不得收缴、扣留机动车驾驶证。

第二十条  机动车的驾驶培训实行社会化，由交通运输主管部门对驾驶培训学校、驾驶培训班实行备案管理，并对驾驶培训活动加强监督，其中专门的拖拉机驾驶培训学校、驾驶培训班由农业（农业机械）主管部门实行监督管理。

驾驶培训学校、驾驶培训班应当严格按照国家有关规定，对学员进行道路交通安全法律、法规、驾驶技能的培训，确保培训质量。

任何国家机关以及驾驶培训和考试主管部门不得举办或者参与举办驾驶培训学校、驾驶培训班。

第二十一条  驾驶人驾驶机动车上道路行驶前，应当对机动车的安全技术性能进行认真检查；不得驾驶安全设施不全或者机件不符合技术标准等具有安全隐患的机动车。

**第二十二条** 机动车驾驶人应当遵守道路交通安全法律、法规的规定，按照操作规范安全驾驶、文明驾驶。

饮酒、服用国家管制的精神药品或者麻醉药品，或者患有妨碍安全驾驶机动车的疾病，或者过度疲劳影响安全驾驶的，不得驾驶机动车。

任何人不得强迫、指使、纵容驾驶人违反道路交通安全法律、法规和机动车安全驾驶要求驾驶机动车。

**第二十三条** 公安机关交通管理部门依照法律、行政法规的规定，定期对机动车驾驶证实施审验。

**第二十四条** 公安机关交通管理部门对机动车驾驶人违反道路交通安全法律、法规的行为，除依法给予行政处罚外，实行累积记分制度。公安机关交通管理部门对累积记分达到规定分值的机动车驾驶人，扣留机动车驾驶证，对其进行道路交通安全法律、法规教育，重新考试；考试合格的，发还其机动车驾驶证。

对遵守道路交通安全法律、法规，在一年内无累积记分的机动车驾驶人，可以延长机动车驾驶证的审验期。具体办法由国务院公安部门规定。

### 第三章　道路通行条件

**第二十五条** 全国实行统一的道路交通信号。

交通信号包括交通信号灯、交通标志、交通标线和交通警察的指挥。

交通信号灯、交通标志、交通标线的设置应当符合道路交通安全、畅通的要求和国家标准，并保持清晰、醒目、准确、完好。

根据通行需要，应当及时增设、调换、更新道路交通信号。增设、调换、更新限制性的道路交通信号，应当提前向社会公告，广泛进行宣传。

**第二十六条** 交通信号灯由红灯、绿灯、黄灯组成。红灯表示禁止通行，绿灯表示准许通行，黄灯表示警示。

**第二十七条**　铁路与道路平面交叉的道口，应当设置警示灯、警示标志或者安全防护设施。无人看守的铁路道口，应当在距道口一定距离处设置警示标志。

**第二十八条**　任何单位和个人不得擅自设置、移动、占用、损毁交通信号灯、交通标志、交通标线。

道路两侧及隔离带上种植的树木或者其他植物，设置的广告牌、管线等，应当与交通设施保持必要的距离，不得遮挡路灯、交通信号灯、交通标志，不得妨碍安全视距，不得影响通行。

**第二十九条**　道路、停车场和道路配套设施的规划、设计、建设，应当符合道路交通安全、畅通的要求，并根据交通需求及时调整。

公安机关交通管理部门发现已经投入使用的道路存在交通事故频发路段，或者停车场、道路配套设施存在交通安全严重隐患的，应当及时向当地人民政府报告，并提出防范交通事故、消除隐患的建议，当地人民政府应当及时作出处理决定。

**第三十条**　道路出现坍塌、坑漕、水毁、隆起等损毁或者交通信号灯、交通标志、交通标线等交通设施损毁、灭失的，道路、交通设施的养护部门或者管理部门应当设置警示标志并及时修复。

公安机关交通管理部门发现前款情形，危及交通安全，尚未设置警示标志的，应当及时采取安全措施，疏导交通，并通知道路、交通设施的养护部门或者管理部门。

**第三十一条**　未经许可，任何单位和个人不得占用道路从事非交通活动。

**第三十二条**　因工程建设需要占用、挖掘道路，或者跨越、穿越道路架设、增设管线设施，应当事先征得道路主管部门的同意；影响交通安全的，还应当征得公安机关交通管理部门的同意。

施工作业单位应当在经批准的路段和时间内施工作业，并在距离施工作业地点来车方向安全距离处设置明显的安全警示标志，采取防护措施；施工作业完毕，应当迅速清除道路上的障碍物，消除安全隐患，经道路主管部门和公安机关交通管理部门验收合格，符合通行要求后，方可恢复通行。

对未中断交通的施工作业道路，公安机关交通管理部门应当加强交通安全监督检查，维护道路交通秩序。

第三十三条　新建、改建、扩建的公共建筑、商业街区、居住区、大（中）型建筑等，应当配建、增建停车场；停车泊位不足的，应当及时改建或者扩建；投入使用的停车场不得擅自停止使用或者改作他用。

在城市道路范围内，在不影响行人、车辆通行的情况下，政府有关部门可以施划停车泊位。

第三十四条　学校、幼儿园、医院、养老院门前的道路没有行人过街设施的，应当施划人行横道线，设置提示标志。

城市主要道路的人行道，应当按照规划设置盲道。盲道的设置应当符合国家标准。

## 第四章　道路通行规定

### 第一节　一般规定

第三十五条　机动车、非机动车实行右侧通行。

第三十六条　根据道路条件和通行需要，道路划分为机动车道、非机动车道和人行道的，机动车、非机动车、行人实行分道通行。没有划分机动车道、非机动车道和人行道的，机动车在道路中间通行，非机动车和行人在道路两侧通行。

第三十七条　道路划设专用车道的，在专用车道内，只准许规定的车辆通行，其他车辆不得进入专用车道内行驶。

第三十八条　车辆、行人应当按照交通信号通行；遇有交通警察现场指挥时，应当按照交通警察的指挥通行；在没有交通信号的道路上，应当在确保安全、畅通的原则下通行。

第三十九条　公安机关交通管理部门根据道路和交通流量的具体情况，可以对机动车、非机动车、行人采取疏导、限制通行、禁止通行等措施。遇有大型群众性活动、大范围施工等情况，需要采取限制交通的措施，或者作出与公众的道路交通活动直接有关的决定，应当提前向社会公告。

第四十条　遇有自然灾害、恶劣气象条件或者重大交通事故等严重影响交通安全的情形，采取其他措施难以保证交通安全时，公安机关交通管理部门可以实行交通管制。

第四十一条　有关道路通行的其他具体规定，由国务院规定。
第二节　机动车通行规定

第四十二条　机动车上道路行驶，不得超过限速标志标明的最高时速。在没有限速标志的路段，应当保持安全车速。

夜间行驶或者在容易发生危险的路段行驶，以及遇有沙尘、冰雹、雨、雪、雾、结冰等气象条件时，应当降低行驶速度。

第四十三条　同车道行驶的机动车，后车应当与前车保持足以采取紧急制动措施的安全距离。有下列情形之一的，不得超车：

（一）前车正在左转弯、掉头、超车的；
（二）与对面来车有会车可能的；
（三）前车为执行紧急任务的警车、消防车、救护车、工程救险车的；
（四）行经铁路道口、交叉路口、窄桥、弯道、陡坡、隧道、人行横道、市区交通流量大的路段等没有超车条件的。

第四十四条　机动车通过交叉路口，应当按照交通信号灯、交通标志、交通标线或者交通警察的指挥通过；通过没有交通信号灯、交通标志、交通标线或者交通警察指挥的交叉路口时，应当减速慢行，并让行人和优先通行的车辆先行。

第四十五条　机动车遇有前方车辆停车排队等候或者缓慢行驶时，

不得借道超车或者占用对面车道，不得穿插等候的车辆。

在车道减少的路段、路口，或者在没有交通信号灯、交通标志、交通标线或者交通警察指挥的交叉路口遇到停车排队等候或者缓慢行驶时，机动车应当依次交替通行。

第四十六条　机动车通过铁路道口时，应当按照交通信号或者管理人员的指挥通行；没有交通信号或者管理人员的，应当减速或者停车，在确认安全后通过。

第四十七条　机动车行经人行横道时，应当减速行驶；遇行人正在通过人行横道，应当停车让行。

机动车行经没有交通信号的道路时，遇行人横过道路，应当避让。

第四十八条　机动车载物应当符合核定的载质量，严禁超载；载物的长、宽、高不得违反装载要求，不得遗洒、飘散载运物。

机动车运载超限的不可解体的物品，影响交通安全的，应当按照公安机关交通管理部门指定的时间、路线、速度行驶，悬挂明显标志。在公路上运载超限的不可解体的物品，并应当依照公路法的规定执行。

机动车载运爆炸物品、易燃易爆化学物品以及剧毒、放射性等危险物品，应当经公安机关批准后，按指定的时间、路线、速度行驶，悬挂警示标志并采取必要的安全措施。

第四十九条　机动车载人不得超过核定的人数，客运机动车不得违反规定载货。

第五十条　禁止货运机动车载客。

货运机动车需要附载作业人员的，应当设置保护作业人员的安全措施。

第五十一条　机动车行驶时，驾驶人、乘坐人员应当按规定使用安全带，摩托车驾驶人及乘坐人员应当按规定戴安全头盔。

第五十二条　机动车在道路上发生故障，需要停车排除故障时，驾驶人应当立即开启危险报警闪光灯，将机动车移至不妨碍交通的地方停放；难以移动的，应当持续开启危险报警闪光灯，并在来车方向设置警告标志等措施扩大示警距离，必要时迅速报警。

**第五十三条**　警车、消防车、救护车、工程救险车执行紧急任务时，可以使用警报器、标志灯具；在确保安全的前提下，不受行驶路线、行驶方向、行驶速度和信号灯的限制，其他车辆和行人应当让行。

警车、消防车、救护车、工程救险车非执行紧急任务时，不得使用警报器、标志灯具，不享有前款规定的道路优先通行权。

**第五十四条**　道路养护车辆、工程作业车进行作业时，在不影响过往车辆通行的前提下，其行驶路线和方向不受交通标志、标线限制，过往车辆和人员应当注意避让。

洒水车、清扫车等机动车应当按照安全作业标准作业；在不影响其他车辆通行的情况下，可以不受车辆分道行驶的限制，但是不得逆向行驶。

**第五十五条**　高速公路、大中城市中心城区内的道路，禁止拖拉机通行。其他禁止拖拉机通行的道路，由省、自治区、直辖市人民政府根据当地实际情况规定。

在允许拖拉机通行的道路上，拖拉机可以从事货运，但是不得用于载人。

**第五十六条**　机动车应当在规定地点停放。禁止在人行道上停放机动车；但是，依照本法第三十三条规定施划的停车泊位除外。

在道路上临时停车的，不得妨碍其他车辆和行人通行。

<h3 style="text-align:center">第三节　非机动车通行规定</h3>

**第五十七条**　驾驶非机动车在道路上行驶应当遵守有关交通安全的规定。非机动车应当在非机动车道内行驶；在没有非机动车道的道路上，应当靠车行道的右侧行驶。

**第五十八条**　残疾人机动轮椅车、电动自行车在非机动车道内行驶时，最高时速不得超过十五公里。

**第五十九条**　非机动车应当在规定地点停放。未设停放地点的，非机动车停放不得妨碍其他车辆和行人通行。

**第六十条** 驾驭畜力车，应当使用驯服的牲畜；驾驭畜力车横过道路时，驾驭人应当下车牵引牲畜；驾驭人离开车辆时，应当拴系牲畜。

### 第四节 行人和乘车人通行规定

**第六十一条** 行人应当在人行道内行走，没有人行道的靠路边行走。

**第六十二条** 行人通过路口或者横过道路，应当走人行横道或者过街设施；通过有交通信号灯的人行横道，应当按照交通信号灯指示通行；通过没有交通信号灯、人行横道的路口，或者在没有过街设施的路段横过道路，应当在确认安全后通过。

**第六十三条** 行人不得跨越、倚坐道路隔离设施，不得扒车、强行拦车或者实施妨碍道路交通安全的其他行为。

**第六十四条** 学龄前儿童以及不能辨认或者不能控制自己行为的精神疾病患者、智力障碍者在道路上通行，应当由其监护人、监护人委托的人或者对其负有管理、保护职责的人带领。

盲人在道路上通行，应当使用盲杖或者采取其他导盲手段，车辆应当避让盲人。

**第六十五条** 行人通过铁路道口时，应当按照交通信号或者管理人员的指挥通行；没有交通信号和管理人员的，应当在确认无火车驶临后，迅速通过。

**第六十六条** 乘车人不得携带易燃易爆等危险物品，不得向车外抛洒物品，不得有影响驾驶人安全驾驶的行为。

### 第五节 高速公路的特别规定

**第六十七条** 行人、非机动车、拖拉机、轮式专用机械车、铰接式客车、全挂拖斗车以及其他设计最高时速低于七十公里的机动车，不得进入高速公路。高速公路限速标志标明的最高时速不得超过一百二十公里。

**第六十八条** 机动车在高速公路上发生故障时，应当依照本法第五十二条的有关规定办理；但是，警告标志应当设置在故障车来车方向一百五十米以外，车上人员应当迅速转移到右侧路肩上或者应急车道内，并且迅速报警。

机动车在高速公路上发生故障或者交通事故，无法正常行驶的，应当由救援车、清障车拖曳、牵引。

**第六十九条**　任何单位、个人不得在高速公路上拦截检查行驶的车辆，公安机关的人民警察依法执行紧急公务除外。

## 第五章　交通事故处理

**第七十条**　在道路上发生交通事故，车辆驾驶人应当立即停车，保护现场；造成人身伤亡的，车辆驾驶人应当立即抢救受伤人员，并迅速报告执勤的交通警察或者公安机关交通管理部门。因抢救受伤人员变动现场的，应当标明位置。乘车人、过往车辆驾驶人、过往行人应当予以协助。

在道路上发生交通事故，未造成人身伤亡，当事人对事实及成因无争议的，可以即行撤离现场，恢复交通，自行协商处理损害赔偿事宜；不即行撤离现场的，应当迅速报告执勤的交通警察或者公安机关交通管理部门。

在道路上发生交通事故，仅造成轻微财产损失，并且基本事实清楚的，当事人应当先撤离现场再进行协商处理。

**第七十一条**　车辆发生交通事故后逃逸的，事故现场目击人员和其他知情人员应当向公安机关交通管理部门或者交通警察举报。举报属实的，公安机关交通管理部门应当给予奖励。

**第七十二条**　公安机关交通管理部门接到交通事故报警后，应当立即派交通警察赶赴现场，先组织抢救受伤人员，并采取措施，尽快恢复交通。

交通警察应当对交通事故现场进行勘验、检查，收集证据；因收集证据的需要，可以扣留事故车辆，但是应当妥善保管，以备核查。

对当事人的生理、精神状况等专业性较强的检验，公安机关交通管理部门应当委托专门机构进行鉴定。鉴定结论应当由鉴定人签名。

**第七十三条** 公安机关交通管理部门应当根据交通事故现场勘验、检查、调查情况和有关的检验、鉴定结论，及时制作交通事故认定书，作为处理交通事故的证据。交通事故认定书应当载明交通事故的基本事实、成因和当事人的责任，并送达当事人。

**第七十四条** 对交通事故损害赔偿的争议，当事人可以请求公安机关交通管理部门调解，也可以直接向人民法院提起民事诉讼。

经公安机关交通管理部门调解，当事人未达成协议或者调解书生效后不履行的，当事人可以向人民法院提起民事诉讼。

**第七十五条** 医疗机构对交通事故中的受伤人员应当及时抢救，不得因抢救费用未及时支付而拖延救治。肇事车辆参加机动车第三者责任强制保险的，由保险公司在责任限额范围内支付抢救费用；抢救费用超过责任限额的，未参加机动车第三者责任强制保险或者肇事后逃逸的，由道路交通事故社会救助基金先行垫付部分或者全部抢救费用，道路交通事故社会救助基金管理机构有权向交通事故责任人追偿。

**第七十六条** 机动车发生交通事故造成人身伤亡、财产损失的，由保险公司在机动车第三者责任强制保险责任限额范围内予以赔偿；不足的部分，按照下列规定承担赔偿责任：

（一）机动车之间发生交通事故的，由有过错的一方承担赔偿责任；双方都有过错的，按照各自过错的比例分担责任。

（二）机动车与非机动车驾驶人、行人之间发生交通事故，非机动车驾驶人、行人没有过错的，由机动车一方承担赔偿责任；有证据证明非机动车驾驶人、行人有过错的，根据过错程度适当减轻机动车一方的赔偿责任；机动车一方没有过错的，承担不超过百分之十的赔偿责任。

交通事故的损失是由非机动车驾驶人、行人故意碰撞机动车造成的，机动车一方不承担赔偿责任。

第七十七条　车辆在道路以外通行时发生的事故，公安机关交通管理部门接到报案的，参照本法有关规定办理。

## 第六章　执法监督

第七十八条　公安机关交通管理部门应当加强对交通警察的管理，提高交通警察的素质和管理道路交通的水平。

公安机关交通管理部门应当对交通警察进行法制和交通安全管理业务培训、考核。交通警察经考核不合格的，不得上岗执行职务。

第七十九条　公安机关交通管理部门及其交通警察实施道路交通安全管理，应当依据法定的职权和程序，简化办事手续，做到公正、严格、文明、高效。

第八十条　交通警察执行职务时，应当按照规定着装，佩带人民警察标志，持有人民警察证件，保持警容严整，举止端庄，指挥规范。

第八十一条　依照本法发放牌证等收取工本费，应当严格执行国务院价格主管部门核定的收费标准，并全部上缴国库。

第八十二条　公安机关交通管理部门依法实施罚款的行政处罚，应当依照有关法律、行政法规的规定，实施罚款决定与罚款收缴分离；收缴的罚款以及依法没收的违法所得，应当全部上缴国库。

第八十三条　交通警察调查处理道路交通安全违法行为和交通事故，有下列情形之一的，应当回避：

（一）是本案的当事人或者当事人的近亲属；

（二）本人或者其近亲属与本案有利害关系；

（三）与本案当事人有其他关系，可能影响案件的公正处理。

第八十四条　公安机关交通管理部门及其交通警察的行政执法活动，应当接受行政监察机关依法实施的监督。

公安机关督察部门应当对公安机关交通管理部门及其交通警察执行

法律、法规和遵守纪律的情况依法进行监督。

上级公安机关交通管理部门应当对下级公安机关交通管理部门的执法活动进行监督。

第八十五条　公安机关交通管理部门及其交通警察执行职务，应当自觉接受社会和公民的监督。

任何单位和个人都有权对公安机关交通管理部门及其交通警察不严格执法以及违法违纪行为进行检举、控告。收到检举、控告的机关，应当依据职责及时查处。

第八十六条　任何单位不得给公安机关交通管理部门下达或者变相下达罚款指标；公安机关交通管理部门不得以罚款数额作为考核交通警察的标准。

公安机关交通管理部门及其交通警察对超越法律、法规规定的指令，有权拒绝执行，并同时向上级机关报告。

## 第七章　法律责任

第八十七条　公安机关交通管理部门及其交通警察对道路交通安全违法行为，应当及时纠正。

公安机关交通管理部门及其交通警察应当依据事实和本法的有关规定对道路交通安全违法行为予以处罚。对于情节轻微，未影响道路通行的，指出违法行为，给予口头警告后放行。

第八十八条　对道路交通安全违法行为的处罚种类包括：警告、罚款、暂扣或者吊销机动车驾驶证、拘留。

第八十九条　行人、乘车人、非机动车驾驶人违反道路交通安全法律、法规关于道路通行规定的，处警告或者五元以上五十元以下罚款；非机动车驾驶人拒绝接受罚款处罚的，可以扣留其非机动车。

第九十条　机动车驾驶人违反道路交通安全法律、法规关于道路通行规定的，处警告或者二十元以上二百元以下罚款。本法另有规定的，依照规定处罚。

第九十一条　饮酒后驾驶机动车的，处暂扣六个月机动车驾驶证，并处一千元以上二千元以下罚款。因饮酒后驾驶机动车被处罚，再次饮酒后驾驶机动车的，处十日以下拘留，并处一千元以上二千元以下罚款，吊销机动车驾驶证。

醉酒驾驶机动车的，由公安机关交通管理部门约束至酒醒，吊销机动车驾驶证，依法追究刑事责任；五年内不得重新取得机动车驾驶证。

饮酒后驾驶营运机动车的，处十五日拘留，并处五千元罚款，吊销机动车驾驶证，五年内不得重新取得机动车驾驶证。

醉酒驾驶营运机动车的，由公安机关交通管理部门约束至酒醒，吊销机动车驾驶证，依法追究刑事责任；十年内不得重新取得机动车驾驶证，重新取得机动车驾驶证后，不得驾驶营运机动车。

饮酒后或者醉酒驾驶机动车发生重大交通事故，构成犯罪的，依法追究刑事责任，并由公安机关交通管理部门吊销机动车驾驶证，终生不得重新取得机动车驾驶证。

第九十二条　公路客运车辆载客超过额定乘员的，处二百元以上五百元以下罚款；超过额定乘员百分之二十或者违反规定载货的，处五百元以上二千元以下罚款。

货运机动车超过核定载质量的，处二百元以上五百元以下罚款；超过核定载质量百分之三十或者违反规定载客的，处五百元以上二千元以下罚款。

有前两款行为的，由公安机关交通管理部门扣留机动车至违法状态消除。

运输单位的车辆有本条第一款、第二款规定的情形，经处罚不改的，对直接负责的主管人员处二千元以上五千元以下罚款。

第九十三条　对违反道路交通安全法律、法规关于机动车停放、临时停车规定的，可以指出违法行为，并予以口头警告，令其立即驶离。

机动车驾驶人不在现场或者虽在现场但拒绝立即驶离，妨碍其他车辆、行人通行的，处二十元以上二百元以下罚款，并可以将该机动车拖移至不妨碍交通的地点或者公安机关交通管理部门指定的地点停放。公安机关交通管理部门拖车不得向当事人收取费用，并应当及时告知当事人停放地点。

因采取不正确的方法拖车造成机动车损坏的，应当依法承担补偿责任。

**第九十四条** 机动车安全技术检验机构实施机动车安全技术检验超过国务院价格主管部门核定的收费标准收取费用的，退还多收取的费用，并由价格主管部门依照《中华人民共和国价格法》的有关规定给予处罚。

机动车安全技术检验机构不按照机动车国家安全技术标准进行检验，出具虚假检验结果的，由公安机关交通管理部门处所收检验费用五倍以上十倍以下罚款，并依法撤销其检验资格；构成犯罪的，依法追究刑事责任。

**第九十五条** 上道路行驶的机动车未悬挂机动车号牌，未放置检验合格标志、保险标志，或者未随车携带行驶证、驾驶证的，公安机关交通管理部门应当扣留机动车，通知当事人提供相应的牌证、标志或者补办相应手续，并可以依照本法第九十条的规定予以处罚。当事人提供相应的牌证、标志或者补办相应手续的，应当及时退还机动车。

故意遮挡、污损或者不按规定安装机动车号牌的，依照本法第九十条的规定予以处罚。

**第九十六条** 伪造、变造或者使用伪造、变造的机动车登记证书、号牌、行驶证、驾驶证的，由公安机关交通管理部门予以收缴，扣留该机动车，处十五日以下拘留，并处二千元以上五千元以下罚款；构成犯罪的，依法追究刑事责任。

伪造、变造或者使用伪造、变造的检验合格标志、保险标志的，由公安机关交通管理部门予以收缴，扣留该机动车，处十日以下拘留，并处一千元以上三千元以下罚款；构成犯罪的，依法追究刑事责任。

使用其他车辆的机动车登记证书、号牌、行驶证、检验合格标志、保险标志的，由公安机关交通管理部门予以收缴，扣留该机动车，处二千元以上五千元以下罚款。

当事人提供相应的合法证明或者补办相应手续的，应当及时退还机动车。

第九十七条　非法安装警报器、标志灯具的，由公安机关交通管理部门强制拆除，予以收缴，并处二百元以上二千元以下罚款。

第九十八条　机动车所有人、管理人未按照国家规定投保机动车第三者责任强制保险的，由公安机关交通管理部门扣留车辆至依照规定投保后，并处依照规定投保最低责任限额应缴纳的保险费的二倍罚款。

依照前款缴纳的罚款全部纳入道路交通事故社会救助基金。具体办法由国务院规定。

第九十九条　有下列行为之一的，由公安机关交通管理部门处二百元以上二千元以下罚款：

（一）未取得机动车驾驶证、机动车驾驶证被吊销或者机动车驾驶证被暂扣期间驾驶机动车的；

（二）将机动车交由未取得机动车驾驶证或者机动车驾驶证被吊销、暂扣的人驾驶的；

（三）造成交通事故后逃逸，尚不构成犯罪的；

（四）机动车行驶超过规定时速百分之五十的；

（五）强迫机动车驾驶人违反道路交通安全法律、法规和机动车安全驾驶要求驾驶机动车，造成交通事故，尚不构成犯罪的；

（六）违反交通管制的规定强行通行，不听劝阻的；

（七）故意损毁、移动、涂改交通设施，造成危害后果，尚不构成犯罪的；

（八）非法拦截、扣留机动车辆，不听劝阻，造成交通严重阻塞或者较大财产损失的。

行为人有前款第二项、第四项情形之一的，可以并处吊销机动车驾驶证；有第一项、第三项、第五项至第八项情形之一的，可以并处十五日以下拘留。

**第一百条**　驾驶拼装的机动车或者已达到报废标准的机动车上道路行驶的，公安机关交通管理部门应当予以收缴，强制报废。

对驾驶前款所列机动车上道路行驶的驾驶人，处二百元以上二千元以下罚款，并吊销机动车驾驶证。

出售已达到报废标准的机动车的，没收违法所得，处销售金额等额的罚款，对该机动车依照本条第一款的规定处理。

**第一百零一条**　违反道路交通安全法律、法规的规定，发生重大交通事故，构成犯罪的，依法追究刑事责任，并由公安机关交通管理部门吊销机动车驾驶证。

造成交通事故后逃逸的，由公安机关交通管理部门吊销机动车驾驶证，且终生不得重新取得机动车驾驶证。

**第一百零二条**　对六个月内发生二次以上特大交通事故负有主要责任或者全部责任的专业运输单位，由公安机关交通管理部门责令消除安全隐患，未消除安全隐患的机动车，禁止上道路行驶。

**第一百零三条**　国家机动车产品主管部门未按照机动车国家安全技术标准严格审查，许可不合格机动车型投入生产的，对负有责任的主管人员和其他直接责任人员给予降级或者撤职的行政处分。

机动车生产企业经国家机动车产品主管部门许可生产的机动车型，不执行机动车国家安全技术标准或者不严格进行机动车成品质量检验，致使质量不合格的机动车出厂销售的，由质量技术监督部门依照《中华人民共和国产品质量法》的有关规定给予处罚。

擅自生产、销售未经国家机动车产品主管部门许可生产的机动车型的，没收非法生产、销售的机动车成品及配件，可以并处非法产品价值三倍以上五倍以下罚款；有营业执照的，由工商行政管理部门吊销营业执照，没有营业执照的，予以查封。

生产、销售拼装的机动车或者生产、销售擅自改装的机动车的，依照本条第三款的规定处罚。

有本条第二款、第三款、第四款所列违法行为，生产或者销售不符合机动车国家安全技术标准的机动车，构成犯罪的，依法追究刑事责任。

**第一百零四条**　未经批准，擅自挖掘道路、占用道路施工或者从事其他影响道路交通安全活动的，由道路主管部门责令停止违法行为，并恢复原状，可以依法给予罚款；致使通行的人员、车辆及其他财产遭受损失的，依法承担赔偿责任。

有前款行为，影响道路交通安全活动的，公安机关交通管理部门可以责令停止违法行为，迅速恢复交通。

**第一百零五条**　道路施工作业或者道路出现损毁，未及时设置警示标志、未采取防护措施，或者应当设置交通信号灯、交通标志、交通标线而没有设置或者应当及时变更交通信号灯、交通标志、交通标线而没有及时变更，致使通行的人员、车辆及其他财产遭受损失的，负有相关职责的单位应当依法承担赔偿责任。

**第一百零六条**　在道路两侧及隔离带上种植树木、其他植物或者设置广告牌、管线等，遮挡路灯、交通信号灯、交通标志，妨碍安全视距的，由公安机关交通管理部门责令行为人排除妨碍；拒不执行的，处二百元以上二千元以下罚款，并强制排除妨碍，所需费用由行为人负担。

**第一百零七条**　对道路交通违法行为人予以警告、二百元以下罚款，交通警察可以当场作出行政处罚决定，并出具行政处罚决定书。

行政处罚决定书应当载明当事人的违法事实、行政处罚的依据、处罚内容、时间、地点以及处罚机关名称，并由执法人员签名或者盖章。

**第一百零八条**　当事人应当自收到罚款的行政处罚决定书之日起十五日内，到指定的银行缴纳罚款。

对行人、乘车人和非机动车驾驶人的罚款，当事人无异议的，可以当场予以收缴罚款。

罚款应当开具省、自治区、直辖市财政部门统一制发的罚款收据；不出具财政部门统一制发的罚款收据的，当事人有权拒绝缴纳罚款。

**第一百零九条** 当事人逾期不履行行政处罚决定的，作出行政处罚决定的行政机关可以采取下列措施：

（一）到期不缴纳罚款的，每日按罚款数额的百分之三加处罚款；

（二）申请人民法院强制执行。

**第一百一十条** 执行职务的交通警察认为应当对道路交通违法行为人给予暂扣或者吊销机动车驾驶证处罚的，可以先予扣留机动车驾驶证，并在二十四小时内将案件移交公安机关交通管理部门处理。

道路交通违法行为人应当在十五日内到公安机关交通管理部门接受处理。无正当理由逾期未接受处理的，吊销机动车驾驶证。

公安机关交通管理部门暂扣或者吊销机动车驾驶证的，应当出具行政处罚决定书。

**第一百一十一条** 对违反本法规定予以拘留的行政处罚，由县、市公安局、公安分局或者相当于县一级的公安机关裁决。

**第一百一十二条** 公安机关交通管理部门扣留机动车、非机动车，应当当场出具凭证，并告知当事人在规定期限内到公安机关交通管理部门接受处理。

公安机关交通管理部门对被扣留的车辆应当妥善保管，不得使用。

逾期不来接受处理，并且经公告三个月仍不来接受处理的，对扣留的车辆依法处理。

**第一百一十三条** 暂扣机动车驾驶证的期限从处罚决定生效之日起计算；处罚决定生效前先予扣留机动车驾驶证的，扣留一日折抵暂扣期限一日。

吊销机动车驾驶证后重新申请领取机动车驾驶证的期限，按照机动车驾驶证管理规定办理。

**第一百一十四条**　公安机关交通管理部门根据交通技术监控记录资料，可以对违法的机动车所有人或者管理人依法予以处罚。对能够确定驾驶人的，可以依照本法的规定依法予以处罚。

**第一百一十五条**　交通警察有下列行为之一的，依法给予行政处分：

（一）为不符合法定条件的机动车发放机动车登记证书、号牌、行驶证、检验合格标志的；

（二）批准不符合法定条件的机动车安装、使用警车、消防车、救护车、工程救险车的警报器、标志灯具，喷涂标志图案的；

（三）为不符合驾驶许可条件、未经考试或者考试不合格人员发放机动车驾驶证的；

（四）不执行罚款决定与罚款收缴分离制度或者不按规定将依法收取的费用、收缴的罚款及没收的违法所得全部上缴国库的；

（五）举办或者参与举办驾驶学校或者驾驶培训班、机动车修理厂或者收费停车场等经营活动的；

（六）利用职务上的便利收受他人财物或者谋取其他利益的；

（七）违法扣留车辆、机动车行驶证、驾驶证、车辆号牌的；

（八）使用依法扣留的车辆的；

（九）当场收取罚款不开具罚款收据或者不如实填写罚款额的；

（十）徇私舞弊，不公正处理交通事故的；

（十一）故意刁难，拖延办理机动车牌证的；

（十二）非执行紧急任务时使用警报器、标志灯具的；

（十三）违反规定拦截、检查正常行驶的车辆的；

（十四）非执行紧急公务时拦截搭乘机动车的；

（十五）不履行法定职责的。

公安机关交通管理部门有前款所列行为之一的，对直接负责的主管人员和其他直接责任人员给予相应的行政处分。

**第一百一十六条**　依照本法第一百一十五条的规定，给予交通警察行政处分的，在作出行政处分决定前，可以停止其执行职务；必要时，可以予以禁闭。

依照本法第一百一十五条的规定，交通警察受到降级或者撤职行政处分的，可以予以辞退。

交通警察受到开除处分或者被辞退的，应当取消警衔；受到撤职以下行政处分的交通警察，应当降低警衔。

**第一百一十七条** 交通警察利用职权非法占有公共财物，索取、收受贿赂，或者滥用职权、玩忽职守，构成犯罪的，依法追究刑事责任。

**第一百一十八条** 公安机关交通管理部门及其交通警察有本法第一百一十五条所列行为之一，给当事人造成损失的，应当依法承担赔偿责任。

## 第八章 附 则

**第一百一十九条** 本法中下列用语的含义：

（一）"道路"，是指公路、城市道路和虽在单位管辖范围但允许社会机动车通行的地方，包括广场、公共停车场等用于公众通行的场所。

（二）"车辆"，是指机动车和非机动车。

（三）"机动车"，是指以动力装置驱动或者牵引，上道路行驶的供人员乘用或者用于运送物品以及进行工程专项作业的轮式车辆。

（四）"非机动车"，是指以人力或者畜力驱动，上道路行驶的交通工具，以及虽有动力装置驱动但设计最高时速、空车质量、外形尺寸符合有关国家标准的残疾人机动轮椅车、电动自行车等交通工具。

（五）"交通事故"，是指车辆在道路上因过错或者意外造成的人身伤亡或者财产损失的事件。

**第一百二十条** 中国人民解放军和中国人民武装警察部队在编机动车牌证、在编机动车检验以及机动车驾驶人考核工作，由中国人民解放军、中国人民武装警察部队有关部门负责。

第一百二十一条　对上道路行驶的拖拉机，由农业（农业机械）主管部门行使本法第八条、第九条、第十三条、第十九条、第二十三条规定的公安机关交通管理部门的管理职权。

农业（农业机械）主管部门依照前款规定行使职权，应当遵守本法有关规定，并接受公安机关交通管理部门的监督；对违反规定的，依照本法有关规定追究法律责任。

本法施行前由农业（农业机械）主管部门发放的机动车牌证，在本法施行后继续有效。

第一百二十二条　国家对入境的境外机动车的道路交通安全实施统一管理。

第一百二十三条　省、自治区、直辖市人民代表大会常务委员会可以根据本地区的实际情况，在本法规定的罚款幅度内，规定具体的执行标准。

第一百二十四条　本法自 2004 年 5 月 1 日起施行。

# 3.《中华人民共和国道路交通安全法实施条例》

（根据 2017 年 10 月 7 日《国务院关于修改部分
行政法规的决定》修订）

## 第一章 总 则

**第一条** 根据《中华人民共和国道路交通安全法》（以下简称道路交通安全法）的规定，制定本条例。

**第二条** 中华人民共和国境内的车辆驾驶人、行人、乘车人以及与道路交通活动有关的单位和个人，应当遵守道路交通安全法和本条例。

**第三条** 县级以上地方各级人民政府应当建立、健全道路交通安全工作协调机制，组织有关部门对城市建设项目进行交通影响评价，制定道路交通安全管理规划，确定管理目标，制定实施方案。

## 第二章 车辆和驾驶人

### 第一节 机动车

**第四条** 机动车的登记，分为注册登记、变更登记、转移登记、抵押登记和注销登记。

**第五条** 初次申领机动车号牌、行驶证的，应当向机动车所有人住所地的公安机关交通管理部门申请注册登记。申请机动车注册登记，应当交验机动车，并提交以下证明、凭证：

（一）机动车所有人的身份证明；

（二）购车发票等机动车来历证明；

（三）机动车整车出厂合格证明或者进口机动车进口凭证；

（四）车辆购置税完税证明或者免税凭证；

（五）机动车第三者责任强制保险凭证；

（六）法律、行政法规规定应当在机动车注册登记时提交的其他证明、凭证。

不属于国务院机动车产品主管部门规定免予安全技术检验的车型的，还应当提供机动车安全技术检验合格证明。

第六条　已注册登记的机动车有下列情形之一的，机动车所有人应当向登记该机动车的公安机关交通管理部门申请变更登记：

（一）改变机动车车身颜色的；

（二）更换发动机的；

（三）更换车身或者车架的；

（四）因质量有问题，制造厂更换整车的；

（五）营运机动车改为非营运机动车或者非营运机动车改为营运机动车的；

（六）机动车所有人的住所迁出或者迁入公安机关交通管理部门管辖区域的。

申请机动车变更登记，应当提交下列证明、凭证，属于前款第（一）项、第（二）项、第（三）项、第（四）项、第（五）项情形之一的，还应当交验机动车；属于前款第（二）项、第（三）项情形之一的，还应当同时提交机动车安全技术检验合格证明：

（一）机动车所有人的身份证明；

（二）机动车登记证书；

（三）机动车行驶证。

机动车所有人的住所在公安机关交通管理部门管辖区域内迁移、机动车所有人的姓名（单位名称）或者联系方式变更的，应当向登记该机动车的公安机关交通管理部门备案。

第七条　已注册登记的机动车所有权发生转移的，应当及时办理转移登记。

申请机动车转移登记，当事人应当向登记该机动车的公安机关交通管理部门交验机动车，并提交以下证明、凭证：

（一）当事人的身份证明；

（二）机动车所有权转移的证明、凭证；

（三）机动车登记证书；

（四）机动车行驶证。

第八条　机动车所有人将机动车作为抵押物抵押的，机动车所有人应当向登记该机动车的公安机关交通管理部门申请抵押登记。

第九条　已注册登记的机动车达到国家规定的强制报废标准的，公安机关交通管理部门应当在报废期满的 2 个月前通知机动车所有人办理注销登记。机动车所有人应当在报废期满前将机动车交售给机动车回收企业，由机动车回收企业将报废的机动车登记证书、号牌、行驶证交公安机关交通管理部门注销。机动车所有人逾期不办理注销登记的，公安机关交通管理部门应当公告该机动车登记证书、号牌、行驶证作废。

因机动车灭失申请注销登记的，机动车所有人应当向公安机关交通管理部门提交本人身份证明，交回机动车登记证书。

第十条　办理机动车登记的申请人提交的证明、凭证齐全、有效的，公安机关交通管理部门应当当场办理登记手续。

人民法院、人民检察院以及行政执法部门依法查封、扣押的机动车，公安机关交通管理部门不予办理机动车登记。

第十一条　机动车登记证书、号牌、行驶证丢失或者损毁，机动车所有人申请补发的，应当向公安机关交通管理部门提交本人身份证明和申请材料。公安机关交通管理部门经与机动车登记档案核实后，在收到申请之日起 15 日内补发。

第十二条　税务部门、保险机构可以在公安机关交通管理部门的办公场所集中办理与机动车有关的税费缴纳、保险合同订立等事项。

第十三条　机动车号牌应当悬挂在车前、车后指定位置，保持清晰、完整。重型、中型载货汽车及其挂车、拖拉机及其挂车的车身或者车厢后部应当喷涂放大的牌号，字样应当端正并保持清晰。

机动车检验合格标志、保险标志应当粘贴在机动车前窗右上角。

机动车喷涂、粘贴标识或者车身广告的，不得影响安全驾驶。

第十四条　用于公路营运的载客汽车、重型载货汽车、半挂牵引车应当安装、使用符合国家标准的行驶记录仪。交通警察可以对机动车行驶速度、连续驾驶时间以及其他行驶状态信息进行检查。安装行驶记录仪可以分步实施，实施步骤由国务院机动车产品主管部门会同有关部门规定。

第十五条　机动车安全技术检验由机动车安全技术检验机构实施。机动车安全技术检验机构应当按照国家机动车安全技术检验标准对机动车进行检验，对检验结果承担法律责任。

质量技术监督部门负责对机动车安全技术检验机构实行计量认证管理，对机动车安全技术检验设备进行检定，对执行国家机动车安全技术检验标准的情况进行监督。

机动车安全技术检验项目由国务院公安部门会同国务院质量技术监督部门规定。

第十六条　机动车应当从注册登记之日起，按照下列期限进行安全技术检验：

（一）营运载客汽车5年以内每年检验1次；超过5年的，每6个月检验1次；

（二）载货汽车和大型、中型非营运载客汽车10年以内每年检验1次；超过10年的，每6个月检验1次；

（三）小型、微型非营运载客汽车6年以内每2年检验1次；超过6

年的，每年检验 1 次；超过 15 年的，每 6 个月检验 1 次；

（四）摩托车 4 年以内每 2 年检验 1 次；超过 4 年的，每年检验 1 次；

（五）拖拉机和其他机动车每年检验 1 次。

营运机动车在规定检验期限内经安全技术检验合格的，不再重复进行安全技术检验。

**第十七条** 已注册登记的机动车进行安全技术检验时，机动车行驶证记载的登记内容与该机动车的有关情况不符，或者未按照规定提供机动车第三者责任强制保险凭证的，不予通过检验。

**第十八条** 警车、消防车、救护车、工程救险车标志图案的喷涂以及警报器、标志灯具的安装、使用规定，由国务院公安部门制定。

第二节　机动车驾驶人

**第十九条** 符合国务院公安部门规定的驾驶许可条件的人，可以向公安机关交通管理部门申请机动车驾驶证。

机动车驾驶证由国务院公安部门规定式样并监制。

**第二十条** 学习机动车驾驶，应当先学习道路交通安全法律、法规和相关知识，考试合格后，再学习机动车驾驶技能。

在道路上学习驾驶，应当按照公安机关交通管理部门指定的路线、时间进行。在道路上学习机动车驾驶技能应当使用教练车，在教练员随车指导下进行，与教学无关的人员不得乘坐教练车。学员在学习驾驶中有道路交通安全违法行为或者造成交通事故的，由教练员承担责任。

**第二十一条** 公安机关交通管理部门应当对申请机动车驾驶证的人进行考试，对考试合格的，在 5 日内核发机动车驾驶证；对考试不合格的，书面说明理由。

**第二十二条** 机动车驾驶证的有效期为 6 年，本条例另有规定的除外。

机动车驾驶人初次申领机动车驾驶证后的 12 个月为实习期。在实习期内驾驶机动车的，应当在车身后部粘贴或者悬挂统一式样的实习标志。

机动车驾驶人在实习期内不得驾驶公共汽车、营运客车或者执行任务的警车、消防车、救护车、工程救险车以及载有爆炸物品、易燃易爆化学物品、剧毒或者放射性等危险物品的机动车；驾驶的机动车不得牵引挂车。

**第二十三条**　公安机关交通管理部门对机动车驾驶人的道路交通安全违法行为除给予行政处罚外，实行道路交通安全违法行为累积记分（以下简称记分）制度，记分周期为 12 个月。对在一个记分周期内记分达到 12 分的，由公安机关交通管理部门扣留其机动车驾驶证，该机动车驾驶人应当按照规定参加道路交通安全法律、法规的学习并接受考试。考试合格的，记分予以清除，发还机动车驾驶证；考试不合格的，继续参加学习和考试。

应当给予记分的道路交通安全违法行为及其分值，由国务院公安部门根据道路交通安全违法行为的危害程度规定。

公安机关交通管理部门应当提供记分查询方式供机动车驾驶人查询。

**第二十四条**　机动车驾驶人在一个记分周期内记分未达到 12 分，所处罚款已经缴纳的，记分予以清除；记分虽未达到 12 分，但尚有罚款未缴纳的，记分转入下一记分周期。

机动车驾驶人在一个记分周期内记分 2 次以上达到 12 分的，除按照第二十三条的规定扣留机动车驾驶证、参加学习、接受考试外，还应当接受驾驶技能考试。考试合格的，记分予以清除，发还机动车驾驶证；考试不合格的，继续参加学习和考试。

接受驾驶技能考试的，按照本人机动车驾驶证载明的最高准驾车型考试。

**第二十五条**　机动车驾驶人记分达到 12 分，拒不参加公安机关交通管理部门通知的学习，也不接受考试的，由公安机关交通管理部门公告其机动车驾驶证停止使用。

**第二十六条**　机动车驾驶人在机动车驾驶证的 6 年有效期内，每个记分周期均未达到 12 分的，换发 10 年有效期的机动车驾驶证；在机动车驾驶证的 10 年有效期内，每个记分周期均未达到 12 分的，换发长期有效的机动车驾驶证。

换发机动车驾驶证时，公安机关交通管理部门应当对机动车驾驶证进行审验。

**第二十七条** 机动车驾驶证丢失、损毁，机动车驾驶人申请补发的，应当向公安机关交通管理部门提交本人身份证明和申请材料。公安机关交通管理部门经与机动车驾驶证档案核实后，在收到申请之日起 3 日内补发。

**第二十八条** 机动车驾驶人在机动车驾驶证丢失、损毁、超过有效期或者被依法扣留、暂扣期间以及记分达到 12 分的，不得驾驶机动车。

## 第三章　道路通行条件

**第二十九条** 交通信号灯分为：机动车信号灯、非机动车信号灯、人行横道信号灯、车道信号灯、方向指示信号灯、闪光警告信号灯、道路与铁路平面交叉道口信号灯。

**第三十条** 交通标志分为：指示标志、警告标志、禁令标志、指路标志、旅游区标志、道路施工安全标志和辅助标志。

道路交通标线分为：指示标线、警告标线、禁止标线。

**第三十一条** 交通警察的指挥分为：手势信号和使用器具的交通指挥信号。

**第三十二条** 道路交叉路口和行人横过道路较为集中的路段应当设置人行横道、过街天桥或者过街地下通道。

在盲人通行较为集中的路段，人行横道信号灯应当设置声响提示装置。

**第三十三条** 城市人民政府有关部门可以在不影响行人、车辆通行的情况下，在城市道路上施划停车泊位，并规定停车泊位的使用时间。

**第三十四条** 开辟或者调整公共汽车、长途汽车的行驶路线或者车站，应当符合交通规划和安全、畅通的要求。

第三十五条 道路养护施工单位在道路上进行养护、维修时，应当按照规定设置规范的安全警示标志和安全防护设施。道路养护施工作业车辆、机械应当安装示警灯，喷涂明显的标志图案，作业时应当开启示警灯和危险报警闪光灯。对未中断交通的施工作业道路，公安机关交通管理部门应当加强交通安全监督检查。发生交通阻塞时，及时做好分流、疏导，维护交通秩序。

道路施工需要车辆绕行的，施工单位应当在绕行处设置标志；不能绕行的，应当修建临时通道，保证车辆和行人通行。需要封闭道路中断交通的，除紧急情况外，应当提前 5 日向社会公告。

第三十六条 道路或者交通设施养护部门、管理部门应当在急弯、陡坡、临崖、临水等危险路段，按照国家标准设置警告标志和安全防护设施。

第三十七条 道路交通标志、标线不规范，机动车驾驶人容易发生辨认错误的，交通标志、标线的主管部门应当及时予以改善。

道路照明设施应当符合道路建设技术规范，保持照明功能完好。

## 第四章 道路通行规定

### 第一节 一般规定

第三十八条 机动车信号灯和非机动车信号灯表示：

（一）绿灯亮时，准许车辆通行，但转弯的车辆不得妨碍被放行的直行车辆、行人通行；

（二）黄灯亮时，已越过停止线的车辆可以继续通行；

（三）红灯亮时，禁止车辆通行。

在未设置非机动车信号灯和人行横道信号灯的路口，非机动车和行人应当按照机动车信号灯的表示通行。

红灯亮时，右转弯的车辆在不妨碍被放行的车辆、行人通行的情况下，可以通行。

第三十九条　人行横道信号灯表示：

（一）绿灯亮时，准许行人通过人行横道；

（二）红灯亮时，禁止行人进入人行横道，但是已经进入人行横道的，可以继续通过或者在道路中心线处停留等候。

第四十条　车道信号灯表示：

（一）绿色箭头灯亮时，准许本车道车辆按指示方向通行；

（二）红色叉形灯或者箭头灯亮时，禁止本车道车辆通行。

第四十一条　方向指示信号灯的箭头方向向左、向上、向右分别表示左转、直行、右转。

第四十二条　闪光警告信号灯为持续闪烁的黄灯，提示车辆、行人通行时注意瞭望，确认安全后通过。

第四十三条　道路与铁路平面交叉道口有两个红灯交替闪烁或者一个红灯亮时，表示禁止车辆、行人通行；红灯熄灭时，表示允许车辆、行人通行。

### 第二节　机动车通行规定

第四十四条　在道路同方向划有 2 条以上机动车道的，左侧为快速车道，右侧为慢速车道。在快速车道行驶的机动车应当按照快速车道规定的速度行驶，未达到快速车道规定的行驶速度的，应当在慢速车道行驶。摩托车应当在最右侧车道行驶。有交通标志标明行驶速度的，按照标明的行驶速度行驶。慢速车道内的机动车超越前车时，可以借用快速车道行驶。

在道路同方向划有 2 条以上机动车道的，变更车道的机动车不得影响相关车道内行驶的机动车的正常行驶。

第四十五条　机动车在道路上行驶不得超过限速标志、标线标明的速度。在没有限速标志、标线的道路上，机动车不得超过下列最高行驶速度：

（一）没有道路中心线的道路，城市道路为每小时 30 公里，公路为每小时 40 公里；

（二）同方向只有 1 条机动车道的道路，城市道路为每小时 50 公里，公路为每小时 70 公里。

**第四十六条**　机动车行驶中遇有下列情形之一的，最高行驶速度不得超过每小时 30 公里，其中拖拉机、电瓶车、轮式专用机械车不得超过每小时 15 公里：

（一）进出非机动车道，通过铁路道口、急弯路、窄路、窄桥时；

（二）掉头、转弯、下陡坡时；

（三）遇雾、雨、雪、沙尘、冰雹，能见度在 50 米以内时；

（四）在冰雪、泥泞的道路上行驶时；

（五）牵引发生故障的机动车时。

**第四十七条**　机动车超车时，应当提前开启左转向灯、变换使用远、近光灯或者鸣喇叭。在没有道路中心线或者同方向只有 1 条机动车道的道路上，前车遇后车发出超车信号时，在条件许可的情况下，应当降低速度、靠右让路。后车应当在确认有充足的安全距离后，从前车的左侧超越，在与被超车辆拉开必要的安全距离后，开启右转向灯，驶回原车道。

**第四十八条**　在没有中心隔离设施或者没有中心线的道路上，机动车遇相对方向来车时应当遵守下列规定：

（一）减速靠右行驶，并与其他车辆、行人保持必要的安全距离；

（二）在有障碍的路段，无障碍的一方先行；但有障碍的一方已驶入障碍路段而无障碍的一方未驶入时，有障碍的一方先行；

（三）在狭窄的坡路，上坡的一方先行；但下坡的一方已行至中途而上坡的一方未上坡时，下坡的一方先行；

（四）在狭窄的山路，不靠山体的一方先行；

（五）夜间会车应当在距相对方向来车 150 米以外改用近光灯，在窄路、窄桥与非机动车会车时应当使用近光灯。

**第四十九条** 机动车在有禁止掉头或者禁止左转弯标志、标线的地点以及在铁路道口、人行横道、桥梁、急弯、陡坡、隧道或者容易发生危险的路段，不得掉头。

机动车在没有禁止掉头或者没有禁止左转弯标志、标线的地点可以掉头，但不得妨碍正常行驶的其他车辆和行人的通行。

**第五十条** 机动车倒车时，应当察明车后情况，确认安全后倒车。不得在铁路道口、交叉路口、单行路、桥梁、急弯、陡坡或者隧道中倒车。

**第五十一条** 机动车通过有交通信号灯控制的交叉路口，应当按照下列规定通行：

（一）在划有导向车道的路口，按所需行进方向驶入导向车道；

（二）准备进入环形路口的让已在路口内的机动车先行；

（三）向左转弯时，靠路口中心点左侧转弯。转弯时开启转向灯，夜间行驶开启近光灯；

（四）遇放行信号时，依次通过；

（五）遇停止信号时，依次停在停止线以外。没有停止线的，停在路口以外；

（六）向右转弯遇有同车道前车正在等候放行信号时，依次停车等候；

（七）在没有方向指示信号灯的交叉路口，转弯的机动车让直行的车辆、行人先行。相对方向行驶的右转弯机动车让左转弯车辆先行。

**第五十二条** 机动车通过没有交通信号灯控制也没有交通警察指挥的交叉路口，除应当遵守第五十一条第（二）项、第（三）项的规定外，还应当遵守下列规定：

（一）有交通标志、标线控制的，让优先通行的一方先行；

（二）没有交通标志、标线控制的，在进入路口前停车瞭望，让右方道路的来车先行；

（三）转弯的机动车让直行的车辆先行；

（四）相对方向行驶的右转弯的机动车让左转弯的车辆先行。

**第五十三条**　机动车遇有前方交叉路口交通阻塞时，应当依次停在路口以外等候，不得进入路口。

机动车在遇有前方机动车停车排队等候或者缓慢行驶时，应当依次排队，不得从前方车辆两侧穿插或者超越行驶，不得在人行横道、网状线区域内停车等候。

机动车在车道减少的路口、路段，遇有前方机动车停车排队等候或者缓慢行驶的，应当每车道一辆依次交替驶入车道减少后的路口、路段。

**第五十四条**　机动车载物不得超过机动车行驶证上核定的载质量，装载长度、宽度不得超出车厢，并应当遵守下列规定：

（一）重型、中型载货汽车，半挂车载物，高度从地面起不得超过 4 米，载运集装箱的车辆不得超过 4.2 米；

（二）其他载货的机动车载物，高度从地面起不得超过 2.5 米；

（三）摩托车载物，高度从地面起不得超过 1.5 米，长度不得超出车身 0.2 米。两轮摩托车载物宽度左右各不得超出车把 0.15 米；三轮摩托车载物宽度不得超过车身。

载客汽车除车身外部的行李架和内置的行李箱外，不得载货。载客汽车行李架载货，从车顶起高度不得超过 0.5 米，从地面起高度不得超过 4 米。

**第五十五条**　机动车载人应当遵守下列规定：

（一）公路载客汽车不得超过核定的载客人数，但按照规定免票的儿童除外，在载客人数已满的情况下，按照规定免票的儿童不得超过核定载客人数的 10%；

（二）载货汽车车厢不得载客。在城市道路上，货运机动车在留有安全位置的情况下，车厢内可以附载临时作业人员 1 人至 5 人；载物高度超过车厢栏板时，货物上不得载人；

（三）摩托车后座不得乘坐未满 12 周岁的未成年人，轻便摩托车不得载人。

**第五十六条** 机动车牵引挂车应当符合下列规定：

（一）载货汽车、半挂牵引车、拖拉机只允许牵引 1 辆挂车。挂车的灯光信号、制动、连接、安全防护等装置应当符合国家标准；

（二）小型载客汽车只允许牵引旅居挂车或者总质量 700 千克以下的挂车。挂车不得载人；

（三）载货汽车所牵引挂车的载质量不得超过载货汽车本身的载质量。

大型、中型载客汽车，低速载货汽车，三轮汽车以及其他机动车不得牵引挂车。

**第五十七条** 机动车应当按照下列规定使用转向灯：

（一）向左转弯、向左变更车道、准备超车、驶离停车地点或者掉头时，应当提前开启左转向灯；

（二）向右转弯、向右变更车道、超车完毕驶回原车道、靠路边停车时，应当提前开启右转向灯。

**第五十八条** 机动车在夜间没有路灯、照明不良或者遇有雾、雨、雪、沙尘、冰雹等低能见度情况下行驶时，应当开启前照灯、示廓灯和后位灯，但同方向行驶的后车与前车近距离行驶时，不得使用远光灯。机动车雾天行驶应当开启雾灯和危险报警闪光灯。

**第五十九条** 机动车在夜间通过急弯、坡路、拱桥、人行横道或者没有交通信号灯控制的路口时，应当交替使用远近光灯示意。

机动车驶近急弯、坡道顶端等影响安全视距的路段以及超车或者遇有紧急情况时，应当减速慢行，并鸣喇叭示意。

**第六十条** 机动车在道路上发生故障或者发生交通事故，妨碍交通又难以移动的，应当按照规定开启危险报警闪光灯并在车后 50 米至 100 米处设置警告标志，夜间还应当同时开启示廓灯和后位灯。

**第六十一条** 牵引故障机动车应当遵守下列规定：

（一）被牵引的机动车除驾驶人外不得载人，不得拖带挂车；

（二）被牵引的机动车宽度不得大于牵引机动车的宽度；

（三）使用软连接牵引装置时，牵引车与被牵引车之间的距离应当大于 4 米小于 10 米；

（四）对制动失效的被牵引车，应当使用硬连接牵引装置牵引；

（五）牵引车和被牵引车均应当开启危险报警闪光灯。

汽车吊车和轮式专用机械车不得牵引车辆。摩托车不得牵引车辆或者被其他车辆牵引。

转向或者照明、信号装置失效的故障机动车，应当使用专用清障车拖曳。

**第六十二条**　驾驶机动车不得有下列行为：

（一）在车门、车厢没有关好时行车；

（二）在机动车驾驶室的前后窗范围内悬挂、放置妨碍驾驶人视线的物品；

（三）拨打接听手持电话、观看电视等妨碍安全驾驶的行为；

（四）下陡坡时熄火或者空挡滑行；

（五）向道路上抛撒物品；

（六）驾驶摩托车手离车把或者在车把上悬挂物品；

（七）连续驾驶机动车超过 4 小时未停车休息或者停车休息时间少于 20 分钟；

（八）在禁止鸣喇叭的区域或者路段鸣喇叭。

**第六十三条**　机动车在道路上临时停车，应当遵守下列规定：

（一）在设有禁停标志、标线的路段，在机动车道与非机动车道、人行道之间设有隔离设施的路段以及人行横道、施工地段，不得停车；

（二）交叉路口、铁路道口、急弯路、宽度不足 4 米的窄路、桥梁、陡坡、隧道以及距离上述地点 50 米以内的路段，不得停车；

（三）公共汽车站、急救站、加油站、消防栓或者消防队（站）门前以及距离上述地点 30 米以内的路段，除使用上述设施的以外，不得停车；

（四）车辆停稳前不得开车门和上下人员，开关车门不得妨碍其他车辆和行人通行；

（五）路边停车应当紧靠道路右侧，机动车驾驶人不得离车，上下人员或者装卸物品后，立即驶离；

（六）城市公共汽车不得在站点以外的路段停车上下乘客。

**第六十四条** 机动车行经漫水路或者漫水桥时，应当停车察明水情，确认安全后，低速通过。

**第六十五条** 机动车载运超限物品行经铁路道口的，应当按照当地铁路部门指定的铁路道口、时间通过。

机动车行经渡口，应当服从渡口管理人员指挥，按照指定地点依次待渡。机动车上下渡船时，应当低速慢行。

**第六十六条** 警车、消防车、救护车、工程救险车在执行紧急任务遇交通受阻时，可以断续使用警报器，并遵守下列规定：

（一）不得在禁止使用警报器的区域或者路段使用警报器；

（二）夜间在市区不得使用警报器；

（三）列队行驶时，前车已经使用警报器的，后车不再使用警报器。

**第六十七条** 在单位院内、居民居住区内，机动车应当低速行驶，避让行人；有限速标志的，按照限速标志行驶。

### 第三节 非机动车通行规定

**第六十八条** 非机动车通过有交通信号灯控制的交叉路口，应当按照下列规定通行：

（一）转弯的非机动车让直行的车辆、行人优先通行；

（二）遇有前方路口交通阻塞时，不得进入路口；

（三）向左转弯时，靠路口中心点的右侧转弯；

（四）遇有停止信号时，应当依次停在路口停止线以外。没有停止线的，停在路口以外；

（五）向右转弯遇有同方向前车正在等候放行信号时，在本车道内能够转弯的，可以通行；不能转弯的，依次等候。

第六十九条 非机动车通过没有交通信号灯控制也没有交通警察指挥的交叉路口，除应当遵守第六十八条第（一）项、第（二）项和第（三）项的规定外，还应当遵守下列规定：

（一）有交通标志、标线控制的，让优先通行的一方先行；

（二）没有交通标志、标线控制的，在路口外慢行或者停车瞭望，让右方道路的来车先行；

（三）相对方向行驶的右转弯的非机动车让左转弯的车辆先行。

第七十条 驾驶自行车、电动自行车、三轮车在路段上横过机动车道，应当下车推行，有人行横道或者行人过街设施的，应当从人行横道或者行人过街设施通过；没有人行横道、没有行人过街设施或者不便使用行人过街设施的，在确认安全后直行通过。

因非机动车道被占用无法在本车道内行驶的非机动车，可以在受阻的路段借用相邻的机动车道行驶，并在驶过被占用路段后迅速驶回非机动车道。机动车遇此情况应当减速让行。

第七十一条 非机动车载物，应当遵守下列规定：

（一）自行车、电动自行车、残疾人机动轮椅车载物，高度从地面起不得超过 1.5 米，宽度左右各不得超出车把 0.15 米，长度前端不得超出车轮，后端不得超出车身 0.3 米；

（二）三轮车、人力车载物，高度从地面起不得超过 2 米，宽度左右各不得超出车身 0.2 米，长度不得超出车身 1 米；

（三）畜力车载物，高度从地面起不得超过 2.5 米，宽度左右各不得超出车身 0.2 米，长度前端不得超出车辕，后端不得超出车身 1 米。

自行车载人的规定，由省、自治区、直辖市人民政府根据当地实际情况制定。

第七十二条 在道路上驾驶自行车、三轮车、电动自行车、残疾人机动轮椅车应当遵守下列规定：

（一）驾驶自行车、三轮车必须年满 12 周岁；

（二）驾驶电动自行车和残疾人机动轮椅车必须年满 16 周岁；

（三）不得醉酒驾驶；

（四）转弯前应当减速慢行，伸手示意，不得突然猛拐，超越前车时不得妨碍被超越的车辆行驶；

（五）不得牵引、攀扶车辆或者被其他车辆牵引，不得双手离把或者手中持物；

（六）不得扶身并行、互相追逐或者曲折竞驶；

（七）不得在道路上骑独轮自行车或者 2 人以上骑行的自行车；

（八）非下肢残疾的人不得驾驶残疾人机动轮椅车；

（九）自行车、三轮车不得加装动力装置；

（十）不得在道路上学习驾驶非机动车。

**第七十三条**　在道路上驾驭畜力车应当年满 16 周岁，并遵守下列规定：

（一）不得醉酒驾驭；

（二）不得并行，驾驭人不得离开车辆；

（三）行经繁华路段、交叉路口、铁路道口、人行横道、急弯路、宽度不足 4 米的窄路或者窄桥、陡坡、隧道或者容易发生危险的路段，不得超车。驾驭两轮畜力车应当下车牵引牲畜；

（四）不得使用未经驯服的牲畜驾车，随车幼畜须拴系；

（五）停放车辆应当拉紧车闸，拴系牲畜。

### 第四节　行人和乘车人通行规定

**第七十四条**　行人不得有下列行为：

（一）在道路上使用滑板、旱冰鞋等滑行工具；

（二）在车行道内坐卧、停留、嬉闹；

（三）追车、抛物击车等妨碍道路交通安全的行为。

**第七十五条**　行人横过机动车道，应当从行人过街设施通过；没有行人过街设施的，应当从人行横道通过；没有人行横道的，应当观察来往车辆的情况，确认安全后直行通过，不得在车辆临近时突然加速横穿或者中途倒退、折返。

**第七十六条**　行人列队在道路上通行，每横列不得超过 2 人，但在已经实行交通管制的路段不受限制。

**第七十七条**　乘坐机动车应当遵守下列规定：

（一）不得在机动车道上拦乘机动车；

（二）在机动车道上不得从机动车左侧上下车；

（三）开关车门不得妨碍其他车辆和行人通行；

（四）机动车行驶中，不得干扰驾驶，不得将身体任何部分伸出车外，不得跳车；

（五）乘坐两轮摩托车应当正向骑坐。

### 第五节　高速公路的特别规定

**第七十八条**　高速公路应当标明车道的行驶速度，最高车速不得超过每小时 120 公里，最低车速不得低于每小时 60 公里。

在高速公路上行驶的小型载客汽车最高车速不得超过每小时 120 公里，其他机动车不得超过每小时 100 公里，摩托车不得超过每小时 80 公里。

同方向有 2 条车道的，左侧车道的最低车速为每小时 100 公里；同方向有 3 条以上车道的，最左侧车道的最低车速为每小时 110 公里，中间车道的最低车速为每小时 90 公里。道路限速标志标明的车速与上述车道行驶车速的规定不一致的，按照道路限速标志标明的车速行驶。

**第七十九条**　机动车从匝道驶入高速公路，应当开启左转向灯，在不妨碍已在高速公路内的机动车正常行驶的情况下驶入车道。

机动车驶离高速公路时，应当开启右转向灯，驶入减速车道，降低车速后驶离。

**第八十条**　机动车在高速公路上行驶，车速超过每小时 100 公里时，应当与同车道前车保持 100 米以上的距离，车速低于每小时 100 公里时，与同车道前车距离可以适当缩短，但最小距离不得少于 50 米。

第八十一条　机动车在高速公路上行驶，遇有雾、雨、雪、沙尘、冰雹等低能见度气象条件时，应当遵守下列规定：

（一）能见度小于 200 米时，开启雾灯、近光灯、示廓灯和前后位灯，车速不得超过每小时 60 公里，与同车道前车保持 100 米以上的距离；

（二）能见度小于 100 米时，开启雾灯、近光灯、示廓灯、前后位灯和危险报警闪光灯，车速不得超过每小时 40 公里，与同车道前车保持 50 米以上的距离；

（三）能见度小于 50 米时，开启雾灯、近光灯、示廓灯、前后位灯和危险报警闪光灯，车速不得超过每小时 20 公里，并从最近的出口尽快驶离高速公路。

遇有前款规定情形时，高速公路管理部门应当通过显示屏等方式发布速度限制、保持车距等提示信息。

第八十二条　机动车在高速公路上行驶，不得有下列行为：

（一）倒车、逆行、穿越中央分隔带掉头或者在车道内停车；

（二）在匝道、加速车道或者减速车道上超车；

（三）骑、轧车行道分界线或者在路肩上行驶；

（四）非紧急情况时在应急车道行驶或者停车；

（五）试车或者学习驾驶机动车。

第八十三条　在高速公路上行驶的载货汽车车厢不得载人。两轮摩托车在高速公路行驶时不得载人。

第八十四条　机动车通过施工作业路段时，应当注意警示标志，减速行驶。

第八十五条　城市快速路的道路交通安全管理，参照本节的规定执行。

高速公路、城市快速路的道路交通安全管理工作，省、自治区、直辖市人民政府公安机关交通管理部门可以指定设区的市人民政府公安机关交通管理部门或者相当于同级的公安机关交通管理部门承担。

## 第五章　交通事故处理

**第八十六条**　机动车与机动车、机动车与非机动车在道路上发生未造成人身伤亡的交通事故，当事人对事实及成因无争议的，在记录交通事故的时间、地点、对方当事人的姓名和联系方式、机动车牌号、驾驶证号、保险凭证号、碰撞部位，并共同签名后，撤离现场，自行协商损害赔偿事宜。当事人对交通事故事实及成因有争议的，应当迅速报警。

**第八十七条**　非机动车与非机动车或者行人在道路上发生交通事故，未造成人身伤亡，且基本事实及成因清楚的，当事人应当先撤离现场，再自行协商处理损害赔偿事宜。当事人对交通事故事实及成因有争议的，应当迅速报警。

**第八十八条**　机动车发生交通事故，造成道路、供电、通讯等设施损毁的，驾驶人应当报警等候处理，不得驶离。机动车可以移动的，应当将机动车移至不妨碍交通的地点。公安机关交通管理部门应当将事故有关情况通知有关部门。

**第八十九条**　公安机关交通管理部门或者交通警察接到交通事故报警，应当及时赶赴现场，对未造成人身伤亡，事实清楚，并且机动车可以移动的，应当在记录事故情况后责令当事人撤离现场，恢复交通。对拒不撤离现场的，予以强制撤离。

对属于前款规定情况的道路交通事故，交通警察可以适用简易程序处理，并当场出具事故认定书。当事人共同请求调解的，交通警察可以当场对损害赔偿争议进行调解。

对道路交通事故造成人员伤亡和财产损失需要勘验、检查现场的，公安机关交通管理部门应当按照勘查现场工作规范进行。现场勘查完毕，应当组织清理现场，恢复交通。

**第九十条**　投保机动车第三者责任强制保险的机动车发生交通事故，因抢救受伤人员需要保险公司支付抢救费用的，由公安机关交通管理部门通知保险公司。

抢救受伤人员需要道路交通事故救助基金垫付费用的，由公安机关交通管理部门通知道路交通事故社会救助基金管理机构。

**第九十一条** 公安机关交通管理部门应当根据交通事故当事人的行为对发生交通事故所起的作用以及过错的严重程度，确定当事人的责任。

**第九十二条** 发生交通事故后当事人逃逸的，逃逸的当事人承担全部责任。但是，有证据证明对方当事人也有过错的，可以减轻责任。

当事人故意破坏、伪造现场、毁灭证据的，承担全部责任。

**第九十三条** 公安机关交通管理部门对经过勘验、检查现场的交通事故应当在勘查现场之日起 10 日内制作交通事故认定书。对需要进行检验、鉴定的，应当在检验、鉴定结果确定之日起 5 日内制作交通事故认定书。

**第九十四条** 当事人对交通事故损害赔偿有争议，各方当事人一致请求公安机关交通管理部门调解的，应当在收到交通事故认定书之日起 10 日内提出书面调解申请。

对交通事故致死的，调解从办理丧葬事宜结束之日起开始；对交通事故致伤的，调解从治疗终结或者定残之日起开始；对交通事故造成财产损失的，调解从确定损失之日起开始。

**第九十五条** 公安机关交通管理部门调解交通事故损害赔偿争议的期限为 10 日。调解达成协议的，公安机关交通管理部门应当制作调解书送交各方当事人，调解书经各方当事人共同签字后生效；调解未达成协议的，公安机关交通管理部门应当制作调解终结书送交各方当事人。

交通事故损害赔偿项目和标准依照有关法律的规定执行。

**第九十六条** 对交通事故损害赔偿的争议，当事人向人民法院提起民事诉讼的，公安机关交通管理部门不再受理调解申请。

公安机关交通管理部门调解期间，当事人向人民法院提起民事诉讼的，调解终止。

**第九十七条** 车辆在道路以外发生交通事故，公安机关交通管理部门接到报案的，参照道路交通安全法和本条例的规定处理。

车辆、行人与火车发生的交通事故以及在渡口发生的交通事故，依照国家有关规定处理。

## 第六章　执法监督

**第九十八条**　公安机关交通管理部门应当公开办事制度、办事程序，建立警风警纪监督员制度，自觉接受社会和群众的监督。

**第九十九条**　公安机关交通管理部门及其交通警察办理机动车登记，发放号牌，对驾驶人考试、发证，处理道路交通安全违法行为，处理道路交通事故，应当严格遵守有关规定，不得越权执法，不得延迟履行职责，不得擅自改变处罚的种类和幅度。

**第一百条**　公安机关交通管理部门应当公布举报电话，受理群众举报投诉，并及时调查核实，反馈查处结果。

**第一百零一条**　公安机关交通管理部门应当建立执法质量考核评议、执法责任制和执法过错追究制度，防止和纠正道路交通安全执法中的错误或者不当行为。

## 第七章　法律责任

**第一百零二条**　违反本条例规定的行为，依照道路交通安全法和本条例的规定处罚。

**第一百零三条**　以欺骗、贿赂等不正当手段取得机动车登记或者驾驶许可的，收缴机动车登记证书、号牌、行驶证或者机动车驾驶证，撤销机动车登记或者机动车驾驶许可；申请人在 3 年内不得申请机动车登记或者机动车驾驶许可。

**第一百零四条**　机动车驾驶人有下列行为之一，又无其他机动车驾驶人即时替代驾驶的，公安机关交通管理部门除依法给予处罚外，可以将其驾驶的机动车移至不妨碍交通的地点或者有关部门指定的地点停放：

（一）不能出示本人有效驾驶证的；

（二）驾驶的机动车与驾驶证载明的准驾车型不符的；

（三）饮酒、服用国家管制的精神药品或者麻醉药品、患有妨碍安全驾驶的疾病，或者过度疲劳仍继续驾驶的；

（四）学习驾驶人员没有教练人员随车指导单独驾驶的。

**第一百零五条**　机动车驾驶人有饮酒、醉酒、服用国家管制的精神药品或者麻醉药品嫌疑的，应当接受测试、检验。

**第一百零六条**　公路客运载客汽车超过核定乘员、载货汽车超过核定载质量的，公安机关交通管理部门依法扣留机动车后，驾驶人应当将超载的乘车人转运、将超载的货物卸载，费用由超载机动车的驾驶人或者所有人承担。

**第一百零七条**　依照道路交通安全法第九十二条、第九十五条、第九十六条、第九十八条的规定被扣留的机动车，驾驶人或者所有人、管理人 30 日内没有提供被扣留机动车的合法证明，没有补办相应手续，或者不前来接受处理，经公安机关交通管理部门通知并且经公告 3 个月仍不前来接受处理的，由公安机关交通管理部门将该机动车送交有资格的拍卖机构拍卖，所得价款上缴国库；非法拼装的机动车予以拆除；达到报废标准的机动车予以报废；机动车涉及其他违法犯罪行为的，移交有关部门处理。

**第一百零八条**　交通警察按照简易程序当场作出行政处罚的，应当告知当事人道路交通安全违法行为的事实、处罚的理由和依据，并将行政处罚决定书当场交付被处罚人。

**第一百零九条**　对道路交通安全违法行为人处以罚款或者暂扣驾驶证处罚的，由违法行为发生地的县级以上人民政府公安机关交通管理部门或者相当于同级的公安机关交通管理部门作出决定；对处以吊销机动车驾驶证处罚的，由设区的市人民政府公安机关交通管理部门或者相当于同级的公安机关交通管理部门作出决定。

公安机关交通管理部门对非本辖区机动车的道路交通安全违法行为没有当场处罚的，可以由机动车登记地的公安机关交通管理部门处罚。

**第一百一十条** 当事人对公安机关交通管理部门及其交通警察的处罚有权进行陈述和申辩，交通警察应当充分听取当事人的陈述和申辩，不得因当事人陈述、申辩而加重其处罚。

## 第八章 附 则

**第一百一十一条** 本条例所称上道路行驶的拖拉机，是指手扶拖拉机等最高设计行驶速度不超过每小时 20 公里的轮式拖拉机和最高设计行驶速度不超过每小时 40 公里、牵引挂车方可从事道路运输的轮式拖拉机。

**第一百一十二条** 农业（农业机械）主管部门应当定期向公安机关交通管理部门提供拖拉机登记、安全技术检验以及拖拉机驾驶证发放的资料、数据。公安机关交通管理部门对拖拉机驾驶人作出暂扣、吊销驾驶证处罚或者记分处理的，应当定期将处罚决定书和记分情况通报有关的农业（农业机械）主管部门。吊销驾驶证的，还应当将驾驶证送交有关的农业（农业机械）主管部门。

**第一百一十三条** 境外机动车入境行驶，应当向入境地的公安机关交通管理部门申请临时通行号牌、行驶证。临时通行号牌、行驶证应当根据行驶需要，载明有效日期和允许行驶的区域。

入境的境外机动车申请临时通行号牌、行驶证以及境外人员申请机动车驾驶许可的条件、考试办法由国务院公安部门规定。

**第一百一十四条** 机动车驾驶许可考试的收费标准，由国务院价格主管部门规定。

**第一百一十五条** 本条例自 2004 年 5 月 1 日起施行。1960 年 2 月 11 日国务院批准、交通部发布的《机动车管理办法》，1988 年 3 月 9 日国务院发布的《中华人民共和国道路交通管理条例》，1991 年 9 月 22 日国务院发布的《道路交通事故处理办法》，同时废止。

# 4.《道路交通安全违法行为处理程序规定》

（根据 2020 年 4 月 7 日公安部关于修改《道路交通安全
违法行为处理程序规定》的决定修正）

## 第一章　总　则

**第一条**　为了规范道路交通安全违法行为处理程序，保障公安机关交通管理部门正确履行职责，保护公民、法人和其他组织的合法权益，根据《中华人民共和国道路交通安全法》及其实施条例等法律、行政法规制定本规定。

**第二条**　公安机关交通管理部门及其交通警察对道路交通安全违法行为（以下简称违法行为）的处理程序，在法定职权范围内依照本规定实施。

**第三条**　对违法行为的处理应当遵循合法、公正、文明、公开、及时的原则，尊重和保障人权，保护公民的人格尊严。

对违法行为的处理应当坚持教育与处罚相结合的原则，教育公民、法人和其他组织自觉遵守道路交通安全法律法规。

对违法行为的处理，应当以事实为依据，与违法行为的事实、性质、情节以及社会危害程度相当。

## 第二章　管　辖

**第四条**　交通警察执勤执法中发现的违法行为由违法行为发生地的公安机关交通管理部门管辖。

对管辖权发生争议的，报请共同的上一级公安机关交通管理部门指定管辖。上一级公安机关交通管理部门应当及时确定管辖主体，并通知争议各方。

**第五条**　违法行为人可以在违法行为发生地、机动车登记地或者其他任意地公安机关交通管理部门处理交通技术监控设备记录的违法行为。

违法行为人在违法行为发生地以外的地方（以下简称处理地）处理交通技术监控设备记录的违法行为的，处理地公安机关交通管理部门可以协助违法行为发生地公安机关交通管理部门调查违法事实、代为送达法律文书、代为履行处罚告知程序，由违法行为发生地公安机关交通管理部门按照发生地标准作出处罚决定。

违法行为人或者机动车所有人、管理人对交通技术监控设备记录的违法行为事实有异议的，可以通过公安机关交通管理部门互联网站、移动互联网应用程序或者违法行为处理窗口向公安机关交通管理部门提出。处理地公安机关交通管理部门应当在收到当事人申请后当日，通过道路交通违法信息管理系统通知违法行为发生地公安机关交通管理部门。违法行为发生地公安机关交通管理部门应当在五日内予以审查，异议成立的，予以消除；异议不成立的，告知当事人。

**第六条**　对违法行为人处以警告、罚款或者暂扣机动车驾驶证处罚的，由县级以上公安机关交通管理部门作出处罚决定。

对违法行为人处以吊销机动车驾驶证处罚的，由设区的市公安机关交通管理部门作出处罚决定。

对违法行为人处以行政拘留处罚的，由县、市公安局、公安分局或者相当于县一级的公安机关作出处罚决定。

## 第三章 调查取证

### 第一节 一般规定

**第七条** 交通警察调查违法行为时，应当表明执法身份。

交通警察执勤执法应当严格执行安全防护规定，注意自身安全，在公路上执勤执法不得少于两人。

**第八条** 交通警察应当全面、及时、合法收集能够证实违法行为是否存在、违法情节轻重的证据。

**第九条** 交通警察调查违法行为时，应当查验机动车驾驶证、行驶证、机动车号牌、检验合格标志、保险标志等牌证以及机动车和驾驶人违法信息。对运载爆炸物品、易燃易爆化学物品以及剧毒、放射性等危险物品车辆驾驶人违法行为调查的，还应当查验其他相关证件及信息。

**第十条** 交通警察查验机动车驾驶证时，应当询问驾驶人姓名、住址、出生年月并与驾驶证上记录的内容进行核对；对持证人的相貌与驾驶证上的照片进行核对。必要时，可以要求驾驶人出示居民身份证进行核对。

**第十一条** 调查中需要采取行政强制措施的，依照法律、法规、本规定及国家其他有关规定实施。

**第十二条** 交通警察对机动车驾驶人不在现场的违法停放机动车行为，应当在机动车侧门玻璃或者摩托车座位上粘贴违法停车告知单，并采取拍照或者录像方式固定相关证据。

**第十三条** 调查中发现违法行为人有其他违法行为的，在依法对其道路交通安全违法行为作出处理决定的同时，按照有关规定移送有管辖权的单位处理。涉嫌构成犯罪的，转为刑事案件办理或者移送有权处理的主管机关、部门办理。

**第十四条** 公安机关交通管理部门对于控告、举报的违法行为以及其他行政主管部门移送的案件应当接受，并按规定处理。

第二节　交通技术监控

**第十五条**　公安机关交通管理部门可以利用交通技术监控设备、执法记录设备收集、固定违法行为证据。

交通技术监控设备、执法记录设备应当符合国家标准或者行业标准，需要认定、检定的交通技术监控设备应当经认定、检定合格后，方可用于收集、固定违法行为证据。

交通技术监控设备应当定期维护、保养、检测，保持功能完好。

**第十六条**　交通技术监控设备的设置应当遵循科学、规范、合理的原则，设置的地点应当有明确规范相应交通行为的交通信号。

固定式交通技术监控设备设置地点应当向社会公布。

**第十七条**　使用固定式交通技术监控设备测速的路段，应当设置测速警告标志。

使用移动测速设备测速的，应当由交通警察操作。使用车载移动测速设备的，还应当使用制式警车。

**第十八条**　作为处理依据的交通技术监控设备收集的违法行为记录资料，应当清晰、准确地反映机动车类型、号牌、外观等特征以及违法时间、地点、事实。

**第十九条**　交通技术监控设备收集违法行为记录资料后五日内，违法行为发生地公安机关交通管理部门应当对记录内容进行审核，经审核无误后录入道路交通违法信息管理系统，作为处罚违法行为的证据。

**第二十条**　交通技术监控设备记录的违法行为信息录入道路交通违法信息管理系统后当日，违法行为发生地和机动车登记地公安机关交通管理部门应当向社会提供查询。违法行为发生地公安机关交通管理部门应当在违法行为信息录入道路交通违法信息管理系统后五日内，按照机动车备案信息中的联系方式，通过移动互联网应用程序、手机短信或者邮寄等方式将违法时间、地点、事实通知违法行为人或者机动车所有人、管理人，并告知其在三十日内接受处理。

公安机关交通管理部门应当在违法行为人或者机动车所有人、管理人处理违法行为和交通事故、办理机动车或者驾驶证业务时，书面确认违法行为人或者机动车所有人、管理人的联系方式和法律文书送达方式，并告知其可以通过公安机关交通管理部门互联网站、移动互联网应用程序等方式备案或者变更联系方式、法律文书送达方式。

第二十一条　对交通技术监控设备记录的违法行为信息，经核查能够确定实际驾驶人的，公安机关交通管理部门可以在道路交通违法信息管理系统中将其记录为实际驾驶人的违法行为信息。

第二十二条　交通技术监控设备记录或者录入道路交通违法信息管理系统的违法行为信息，有下列情形之一并经核实的，违法行为发生地或者机动车登记地公安机关交通管理部门应当自核实之日起三日内予以消除：

（一）警车、消防救援车辆、救护车、工程救险车执行紧急任务期间交通技术监控设备记录的违法行为；

（二）机动车所有人或者管理人提供报案记录证明机动车被盗抢期间、机动车号牌被他人冒用期间交通技术监控设备记录的违法行为；

（三）违法行为人或者机动车所有人、管理人提供证据证明机动车因救助危难或者紧急避险造成的违法行为；

（四）已经在现场被交通警察处理的交通技术监控设备记录的违法行为；

（五）因交通信号指示不一致造成的违法行为；

（六）作为处理依据的交通技术监控设备收集的违法行为记录资料，不能清晰、准确地反映机动车类型、号牌、外观等特征以及违法时间、地点、事实的；

（七）经比对交通技术监控设备记录的违法行为照片、道路交通违法信息管理系统登记的机动车信息，确认记录的机动车号牌信息错误的；

（八）其他应当消除的情形。

第二十三条　经查证属实，单位或者个人提供的违法行为照片或者视频等资料可以作为处罚的证据。

对群众举报的违法行为照片或者视频资料的审核录入要求，参照本规定执行。

## 第四章　行政强制措施适用

第二十四条　公安机关交通管理部门及其交通警察在执法过程中，依法可以采取下列行政强制措施：

（一）扣留车辆；

（二）扣留机动车驾驶证；

（三）拖移机动车；

（四）检验体内酒精、国家管制的精神药品、麻醉药品含量；

（五）收缴物品；

（六）法律、法规规定的其他行政强制措施。

第二十五条　采取本规定第二十四条第（一）、（二）、（四）、（五）项行政强制措施，应当按照下列程序实施：

（一）口头告知违法行为人或者机动车所有人、管理人违法行为的基本事实、拟作出行政强制措施的种类、依据及其依法享有的权利；

（二）听取当事人的陈述和申辩，当事人提出的事实、理由或者证据成立的，应当采纳；

（三）制作行政强制措施凭证，并告知当事人在十五日内到指定地点接受处理；

（四）行政强制措施凭证应当由当事人签名、交通警察签名或者盖章，并加盖公安机关交通管理部门印章；当事人拒绝签名的，交通警察应当在行政强制措施凭证上注明；

（五）行政强制措施凭证应当当场交付当事人；当事人拒收的，由交通警察在行政强制措施凭证上注明，即为送达。

现场采取行政强制措施的，交通警察应当在二十四小时内向所属公安机关交通管理部门负责人报告，并补办批准手续。公安机关交通管理部门负责人认为不应当采取行政强制措施的，应当立即解除。

第二十六条 行政强制措施凭证应当载明当事人的基本情况、车辆牌号、车辆类型、违法事实、采取行政强制措施种类和依据、接受处理的具体地点和期限、决定机关名称及当事人依法享有的行政复议、行政诉讼权利等内容。

第二十七条 有下列情形之一的，依法扣留车辆：

（一）上道路行驶的机动车未悬挂机动车号牌，未放置检验合格标志、保险标志，或者未随车携带机动车行驶证、驾驶证的；

（二）有伪造、变造或者使用伪造、变造的机动车登记证书、号牌、行驶证、检验合格标志、保险标志、驾驶证或者使用其他车辆的机动车登记证书、号牌、行驶证、检验合格标志、保险标志嫌疑的；

（三）未按照国家规定投保机动车交通事故责任强制保险的；

（四）公路客运车辆或者货运机动车超载的；

（五）机动车有被盗抢嫌疑的；

（六）机动车有拼装或者达到报废标准嫌疑的；

（七）未申领《剧毒化学品公路运输通行证》通过公路运输剧毒化学品的；

（八）非机动车驾驶人拒绝接受罚款处罚的。

对发生道路交通事故，因收集证据需要的，可以依法扣留事故车辆。

第二十八条 交通警察应当在扣留车辆后二十四小时内，将被扣留车辆交所属公安机关交通管理部门。

公安机关交通管理部门扣留车辆的，不得扣留车辆所载货物。对车辆所载货物应当通知当事人自行处理，当事人无法自行处理或者不自行处理的，应当登记并妥善保管，对容易腐烂、损毁、灭失或者其他不具备保管条件的物品，经县级以上公安机关交通管理部门负责人批准，可以在拍照或者录像后变卖或者拍卖，变卖、拍卖所得按照有关规定处理。

第二十九条　对公路客运车辆载客超过核定乘员、货运机动车超过核定载质量的，公安机关交通管理部门应当按照下列规定消除违法状态：

（一）违法行为人可以自行消除违法状态的，应当在公安机关交通管理部门的监督下，自行将超载的乘车人转运、将超载的货物卸载；

（二）违法行为人无法自行消除违法状态的，对超载的乘车人，公安机关交通管理部门应当及时通知有关部门联系转运；对超载的货物，应当在指定的场地卸载，并由违法行为人与指定场地的保管方签订卸载货物的保管合同。

消除违法状态的费用由违法行为人承担。违法状态消除后，应当立即退还被扣留的机动车。

第三十条　对扣留的车辆，当事人接受处理或者提供、补办的相关证明或者手续经核实后，公安机关交通管理部门应当依法及时退还。

公安机关交通管理部门核实的时间不得超过十日；需要延长的，经县级以上公安机关交通管理部门负责人批准，可以延长至十五日。核实时间自车辆驾驶人或者所有人、管理人提供被扣留车辆合法来历证明，补办相应手续，或者接受处理之日起计算。

发生道路交通事故因收集证据需要扣留车辆的，扣留车辆时间依照《道路交通事故处理程序规定》有关规定执行。

第三十一条　有下列情形之一的，依法扣留机动车驾驶证：

（一）饮酒后驾驶机动车的；

（二）将机动车交由未取得机动车驾驶证或者机动车驾驶证被吊销、暂扣的人驾驶的；

（三）机动车行驶超过规定时速百分之五十的；

（四）驾驶有拼装或者达到报废标准嫌疑的机动车上道路行驶的；

（五）在一个记分周期内累积记分达到十二分的。

第三十二条　交通警察应当在扣留机动车驾驶证后二十四小时内，

将被扣留机动车驾驶证交所属公安机关交通管理部门。

具有本规定第三十一条第（一）、（二）、（三）、（四）项所列情形之一的，扣留机动车驾驶证至作出处罚决定之日；处罚决定生效前先予扣留机动车驾驶证的，扣留一日折抵暂扣期限一日。只对违法行为人作出罚款处罚的，缴纳罚款完毕后，应当立即发还机动车驾驶证。具有本规定第三十一条第（五）项情形的，扣留机动车驾驶证至考试合格之日。

第三十三条　违反机动车停放、临时停车规定，驾驶人不在现场或者虽在现场但拒绝立即驶离，妨碍其他车辆、行人通行的，公安机关交通管理部门及其交通警察可以将机动车拖移至不妨碍交通的地点或者公安机关交通管理部门指定的地点。

拖移机动车的，现场交通警察应当通过拍照、录像等方式固定违法事实和证据。

第三十四条　公安机关交通管理部门应当公开拖移机动车查询电话，并通过设置拖移机动车专用标志牌明示或者以其他方式告知当事人。当事人可以通过电话查询接受处理的地点、期限和被拖移机动车的停放地点。

第三十五条　车辆驾驶人有下列情形之一的，应当对其检验体内酒精含量：

（一）对酒精呼气测试等方法测试的酒精含量结果有异议并当场提出的；

（二）涉嫌饮酒驾驶车辆发生交通事故的；

（三）涉嫌醉酒驾驶的；

（四）拒绝配合酒精呼气测试等方法测试的。

车辆驾驶人对酒精呼气测试结果无异议的，应当签字确认。事后提出异议的，不予采纳。

车辆驾驶人涉嫌吸食、注射毒品或者服用国家管制的精神药品、麻醉药品后驾驶车辆的，应当按照《吸毒检测程序规定》对车辆驾驶人进行吸毒检测，并通知其家属，但无法通知的除外。

对酒后、吸毒后行为失控或者拒绝配合检验、检测的，可以使用约束带或者警绳等约束性警械。

**第三十六条**　对车辆驾驶人进行体内酒精含量检验的，应当按照下列程序实施：

（一）由两名交通警察或者由一名交通警察带领警务辅助人员将车辆驾驶人带到医疗机构提取血样，或者现场由法医等具有相应资质的人员提取血样；

（二）公安机关交通管理部门应当在提取血样后五日内将血样送交有检验资格的单位或者机构进行检验，并在收到检验结果后五日内书面告知车辆驾驶人。

检验车辆驾驶人体内酒精含量的，应当通知其家属，但无法通知的除外。

车辆驾驶人对检验结果有异议的，可以在收到检验结果之日起三日内申请重新检验。

具有下列情形之一的，应当进行重新检验：

（一）检验程序违法或者违反相关专业技术要求，可能影响检验结果正确性的；

（二）检验单位或者机构、检验人不具备相应资质和条件的；

（三）检验结果明显依据不足的；

（四）检验人故意作虚假检验的；

（五）检验人应当回避而没有回避的；

（六）检材虚假或者被污染的；

（七）其他应当重新检验的情形。

不符合前款规定情形的，经县级以上公安机关交通管理部门负责人批准，作出不准予重新检验的决定，并在作出决定之日起的三日内书面通知申请人。

重新检验，公安机关应当另行指派或者聘请检验人。

第三十七条　对非法安装警报器、标志灯具或者自行车、三轮车加装动力装置的，公安机关交通管理部门应当强制拆除，予以收缴，并依法予以处罚。

交通警察现场收缴非法装置的，应当在二十四小时内，将收缴的物品交所属公安机关交通管理部门。

对收缴的物品，除作为证据保存外，经县级以上公安机关交通管理部门批准后，依法予以销毁。

第三十八条　公安机关交通管理部门对扣留的拼装或者已达到报废标准的机动车，经县级以上公安机关交通管理部门批准后，予以收缴，强制报废。

第三十九条　对伪造、变造或者使用伪造、变造的机动车登记证书、号牌、行驶证、检验合格标志、保险标志、驾驶证的，应当予以收缴，依法处罚后予以销毁。

对使用其他车辆的机动车登记证书、号牌、行驶证、检验合格标志、保险标志的，应当予以收缴，依法处罚后转至机动车登记地车辆管理所。

第四十条　对在道路两侧及隔离带上种植树木、其他植物或者设置广告牌、管线等，遮挡路灯、交通信号灯、交通标志，妨碍安全视距的，公安机关交通管理部门应当向违法行为人送达排除妨碍通知书，告知履行期限和不履行的后果。违法行为人在规定期限内拒不履行的，依法予以处罚并强制排除妨碍。

第四十一条　强制排除妨碍，公安机关交通管理部门及其交通警察可以当场实施。无法当场实施的，应当按照下列程序实施：

（一）经县级以上公安机关交通管理部门负责人批准，可以委托或者组织没有利害关系的单位予以强制排除妨碍；

（二）执行强制排除妨碍时，公安机关交通管理部门应当派员到场监督。

# 第五章 行政处罚

## 第一节 行政处罚的决定

**第四十二条** 交通警察对于当场发现的违法行为，认为情节轻微、未影响道路通行和安全的，口头告知其违法行为的基本事实、依据，向违法行为人提出口头警告，纠正违法行为后放行。

各省、自治区、直辖市公安机关交通管理部门可以根据实际确定适用口头警告的具体范围和实施办法。

**第四十三条** 对违法行为人处以警告或者二百元以下罚款的，可以适用简易程序。

对违法行为人处以二百元（不含）以上罚款、暂扣或者吊销机动车驾驶证的，应当适用一般程序。不需要采取行政强制措施的，现场交通警察应当收集、固定相关证据，并制作违法行为处理通知书。其中，对违法行为人单处二百元（不含）以上罚款的，可以通过简化取证方式和审核审批手续等措施快速办理。

对违法行为人处以行政拘留处罚的，按照《公安机关办理行政案件程序规定》实施。

**第四十四条** 适用简易程序处罚的，可以由一名交通警察作出，并应当按照下列程序实施：

（一）口头告知违法行为人违法行为的基本事实、拟作出的行政处罚、依据及其依法享有的权利；

（二）听取违法行为人的陈述和申辩，违法行为人提出的事实、理由或者证据成立的，应当采纳；

（三）制作简易程序处罚决定书；

（四）处罚决定书应当由被处罚人签名、交通警察签名或者盖章，并加盖公安机关交通管理部门印章；被处罚人拒绝签名的，交通警察应当在处罚决定书上注明；

（五）处罚决定书应当当场交付被处罚人；被处罚人拒收的，由交通警察在处罚决定书上注明，即为送达。

交通警察应当在二日内将简易程序处罚决定书报所属公安机关交通管理部门备案。

**第四十五条** 简易程序处罚决定书应当载明被处罚人的基本情况、车辆牌号、车辆类型、违法事实、处罚的依据、处罚的内容、履行方式、期限、处罚机关名称及被处罚人依法享有的行政复议、行政诉讼权利等内容。

**第四十六条** 制发违法行为处理通知书应当按照下列程序实施：

（一）口头告知违法行为人违法行为的基本事实；

（二）听取违法行为人的陈述和申辩，违法行为人提出的事实、理由或者证据成立的，应当采纳；

（三）制作违法行为处理通知书，并通知当事人在十五日内接受处理；

（四）违法行为处理通知书应当由违法行为人签名、交通警察签名或者盖章，并加盖公安机关交通管理部门印章；当事人拒绝签名的，交通警察应当在违法行为处理通知书上注明；

（五）违法行为处理通知书应当当场交付当事人；当事人拒收的，由交通警察在违法行为处理通知书上注明，即为送达。

交通警察应当在二十四小时内将违法行为处理通知书报所属公安机关交通管理部门备案。

**第四十七条** 违法行为处理通知书应当载明当事人的基本情况、车辆牌号、车辆类型、违法事实、接受处理的具体地点和时限、通知机关名称等内容。

**第四十八条** 适用一般程序作出处罚决定，应当由两名以上交通警察按照下列程序实施：

（一）对违法事实进行调查，询问当事人违法行为的基本情况，并制作笔录；当事人拒绝接受询问、签名或者盖章的，交通警察应当在询问笔录上注明；

（二）采用书面形式或者笔录形式告知当事人拟作出的行政处罚的事实、理由及依据，并告知其依法享有的权利；

（三）对当事人陈述、申辩进行复核，复核结果应当在笔录中注明；

（四）制作行政处罚决定书；

（五）行政处罚决定书应当由被处罚人签名，并加盖公安机关交通管理部门印章；被处罚人拒绝签名的，交通警察应当在处罚决定书上注明；

（六）行政处罚决定书应当当场交付被处罚人；被处罚人拒收的，由交通警察在处罚决定书上注明，即为送达；被处罚人不在场的，应当依照《公安机关办理行政案件程序规定》的有关规定送达。

第四十九条　行政处罚决定书应当载明被处罚人的基本情况、车辆牌号、车辆类型、违法事实和证据、处罚的依据、处罚的内容、履行方式、期限、处罚机关名称及被处罚人依法享有的行政复议、行政诉讼权利等内容。

第五十条　一人有两种以上违法行为，分别裁决，合并执行，可以制作一份行政处罚决定书。

一人只有一种违法行为，依法应当并处两个以上处罚种类且涉及两个处罚主体的，应当分别制作行政处罚决定书。

第五十一条　对违法行为事实清楚，需要按照一般程序处以罚款的，应当自违法行为人接受处理之时起二十四小时内作出处罚决定；处以暂扣机动车驾驶证的，应当自违法行为人接受处理之日起三日内作出处罚决定；处以吊销机动车驾驶证的，应当自违法行为人接受处理或者听证程序结束之日起七日内作出处罚决定，交通肇事构成犯罪的，应当在人民法院判决后及时作出处罚决定。

第五十二条　对交通技术监控设备记录的违法行为，当事人应当及时到公安机关交通管理部门接受处理，处以警告或者二百元以下罚款的，可以适用简易程序；处以二百元（不含）以上罚款、吊销机动车驾驶证的，应当适用一般程序。

**第五十三条** 违法行为人或者机动车所有人、管理人收到道路交通安全违法行为通知后，应当及时到公安机关交通管理部门接受处理。机动车所有人、管理人将机动车交由他人驾驶的，应当通知机动车驾驶人按照本规定第二十条规定期限接受处理。

违法行为人或者机动车所有人、管理人无法在三十日内接受处理的，可以申请延期处理。延长的期限最长不得超过三个月。

**第五十四条** 机动车有五起以上未处理的违法行为记录，违法行为人或者机动车所有人、管理人未在三十日内接受处理且未申请延期处理的，违法行为发生地公安机关交通管理部门应当按照备案信息中的联系方式，通过移动互联网应用程序、手机短信或者邮寄等方式将拟作出的行政处罚决定的事实、理由、依据以及依法享有的权利，告知违法行为人或者机动车所有人、管理人。违法行为人或者机动车所有人、管理人未在告知后三十日内接受处理的，可以采取公告方式告知拟作出的行政处罚决定的事实、理由、依据、依法享有的权利以及公告期届满后将依法作出行政处罚决定。公告期为七日。

违法行为人或者机动车所有人、管理人提出申辩或者接受处理的，应当按照本规定第四十四条或者第四十八条办理；违法行为人或者机动车所有人、管理人未提出申辩的，公安机关交通管理部门可以依法作出行政处罚决定，并制作行政处罚决定书。

**第五十五条** 行政处罚决定书可以邮寄或者电子送达。邮寄或者电子送达不成功的，公安机关交通管理部门可以公告送达，公告期为六十日。

**第五十六条** 电子送达可以采用移动互联网应用程序、电子邮件、移动通信等能够确认受送达人收悉的特定系统作为送达媒介。送达日期为公安机关交通管理部门对应系统显示发送成功的日期。受送达人证明到达其特定系统的日期与公安机关交通管理部门对应系统显示发送成功的日期不一致的，以受送达人证明到达其特定系统的日期为准。

公告应当通过互联网交通安全综合服务管理平台、移动互联网应用程序等方式进行。公告期满，即为送达。

公告内容应当避免泄漏个人隐私。

**第五十七条** 交通警察在道路执勤执法时，发现违法行为人或者机动车所有人、管理人有交通技术监控设备记录的违法行为逾期未处理的，应当以口头或者书面方式告知违法行为人或者机动车所有人、管理人。

**第五十八条** 违法行为人可以通过公安机关交通管理部门自助处理平台自助处理违法行为。

### 第二节 行政处罚的执行

**第五十九条** 对行人、乘车人、非机动车驾驶人处以罚款，交通警察当场收缴的，交通警察应当在简易程序处罚决定书上注明，由被处罚人签名确认。被处罚人拒绝签名的，交通警察应当在处罚决定书上注明。

交通警察依法当场收缴罚款的，应当开具省、自治区、直辖市财政部门统一制发的罚款收据；不开具省、自治区、直辖市财政部门统一制发的罚款收据的，当事人有权拒绝缴纳罚款。

**第六十条** 当事人逾期不履行行政处罚决定的，作出行政处罚决定的公安机关交通管理部门可以采取下列措施：

（一）到期不缴纳罚款的，每日按罚款数额的百分之三加处罚款，加处罚款总额不得超出罚款数额；

（二）申请人民法院强制执行。

**第六十一条** 公安机关交通管理部门对非本辖区机动车驾驶人给予暂扣、吊销机动车驾驶证处罚的，应当在作出处罚决定之日起十五日内，将机动车驾驶证转至核发地公安机关交通管理部门。

违法行为人申请不将暂扣的机动车驾驶证转至核发地公安机关交通管理部门的，应当准许，并在行政处罚决定书上注明。

**第六十二条** 对违法行为人决定行政拘留并处罚款的，公安机关交通管理部门应当告知违法行为人可以委托他人代缴罚款。

## 第六章　执法监督

**第六十三条**　交通警察执勤执法时，应当按照规定着装，佩戴人民警察标志，随身携带人民警察证件，保持警容严整，举止端庄，指挥规范。

交通警察查处违法行为时应当使用规范、文明的执法用语。

**第六十四条**　公安机关交通管理部门所属的交警队、车管所及重点业务岗位应当建立值日警官和法制员制度，防止和纠正执法中的错误和不当行为。

**第六十五条**　各级公安机关交通管理部门应当加强执法监督，建立本单位及其所属民警的执法档案，实施执法质量考评、执法责任制和执法过错追究。

执法档案可以是电子档案或者纸质档案。

**第六十六条**　公安机关交通管理部门应当依法建立交通民警执勤执法考核评价标准，不得下达或者变相下达罚款指标，不得以处罚数量作为考核民警执法效果的依据。

## 第七章　其他规定

**第六十七条**　当事人对公安机关交通管理部门采取的行政强制措施或者作出的行政处罚决定不服的，可以依法申请行政复议或者提起行政诉讼。

**第六十八条**　公安机关交通管理部门应当使用道路交通违法信息管理系统对违法行为信息进行管理。对记录和处理的交通违法行为信息应当及时录入道路交通违法信息管理系统。

**第六十九条**　公安机关交通管理部门对非本辖区机动车有违法行为记录的，应当在违法行为信息录入道路交通违法信息管理系统后，在规定时限内将违法行为信息转至机动车登记地公安机关交通管理部门。

第七十条　公安机关交通管理部门对非本辖区机动车驾驶人的违法行为给予记分或者暂扣、吊销机动车驾驶证以及扣留机动车驾驶证的，应当在违法行为信息录入道路交通违法信息管理系统后，在规定时限内将违法行为信息转至驾驶证核发地公安机关交通管理部门。

第七十一条　公安机关交通管理部门可以与保险监管机构建立违法行为与机动车交通事故责任强制保险费率联系浮动制度。

第七十二条　机动车所有人为单位的，公安机关交通管理部门可以将严重影响道路交通安全的违法行为通报机动车所有人。

第七十三条　对非本辖区机动车驾驶人申请在违法行为发生地、处理地参加满分学习、考试的，公安机关交通管理部门应当准许，考试合格后发还扣留的机动车驾驶证，并将考试合格的信息转至驾驶证核发地公安机关交通管理部门。

驾驶证核发地公安机关交通管理部门应当根据转递信息清除机动车驾驶人的累积记分。

第七十四条　以欺骗、贿赂等不正当手段取得机动车登记的，应当收缴机动车登记证书、号牌、行驶证，由机动车登记地公安机关交通管理部门撤销机动车登记。

以欺骗、贿赂等不正当手段取得驾驶许可的，应当收缴机动车驾驶证，由驾驶证核发地公安机关交通管理部门撤销机动车驾驶许可。

非本辖区机动车登记或者机动车驾驶许可需要撤销的，公安机关交通管理部门应当将收缴的机动车登记证书、号牌、行驶证或者机动车驾驶证以及相关证据材料，及时转至机动车登记地或者驾驶证核发地公安机关交通管理部门。

第七十五条　撤销机动车登记或者机动车驾驶许可的，应当按照下列程序实施：

（一）经设区的市公安机关交通管理部门负责人批准，制作撤销决定书送达当事人；

（二）将收缴的机动车登记证书、号牌、行驶证或者机动车驾驶证以及撤销决定书转至机动车登记地或者驾驶证核发地车辆管理所予以注销；

（三）无法收缴的，公告作废。

第七十六条　简易程序案卷应当包括简易程序处罚决定书。一般程序案卷应当包括行政强制措施凭证或者违法行为处理通知书、证据材料、公安交通管理行政处罚决定书。

在处理违法行为过程中形成的其他文书应当一并存入案卷。

## 第八章　附　则

第七十七条　本规定中下列用语的含义：

（一）"违法行为人"，是指违反道路交通安全法律、行政法规规定的公民、法人及其他组织。

（二）"县级以上公安机关交通管理部门"，是指县级以上人民政府公安机关交通管理部门或者相当于同级的公安机关交通管理部门。"设区的市公安机关交通管理部门"，是指设区的市人民政府公安机关交通管理部门或者相当于同级的公安机关交通管理部门。

第七十八条　交通技术监控设备记录的非机动车、行人违法行为参照本规定关于机动车违法行为处理程序处理。

第七十九条　公安机关交通管理部门可以以电子案卷形式保存违法处理案卷。

第八十条　本规定未规定的违法行为处理程序，依照《公安机关办理行政案件程序规定》执行。

第八十一条　本规定所称"以上""以下"，除特别注明的外，包括本数在内。

本规定所称的"二日""三日""五日""七日""十日""十五日"，是指工作日，不包括节假日。

第八十二条 执行本规定所需要的法律文书式样，由公安部制定。公安部没有制定式样，执法工作中需要的其他法律文书，各省、自治区、直辖市公安机关交通管理部门可以制定式样。

第八十三条 本规定自 2009 年 4 月 1 日起施行。2004 年 4 月 30 日发布的《道路交通安全违法行为处理程序规定》（公安部第 69 号令）同时废止。本规定生效后，以前有关规定与本规定不一致的，以本规定为准。

# 5.《最高人民法院关于审理交通肇事刑事案件具体应用法律若干问题的解释》

（2000 年 11 月 10 日最高人民法院审判委员会

第 1136 次会议通过　法释〔2000〕33 号）

为依法惩处交通肇事犯罪活动，根据刑法有关规定，现将审理交通肇事刑事案件具体应用法律的若干问题解释如下：

**第一条**　从事交通运输人员或者非交通运输人员，违反交通运输管理法规发生重大交通事故，在分清事故责任的基础上，对于构成犯罪的，依照刑法第一百三十三条的规定定罪处罚。

**第二条**　交通肇事具有下列情形之一的，处三年以下有期徒刑或者拘役：

（一）死亡一人或者重伤三人以上，负事故全部或者主要责任的；

（二）死亡三人以上，负事故同等责任的；

（三）造成公共财产或者他人财产直接损失，负事故全部或者主要责任，无能力赔偿数额在三十万元以上的。

交通肇事致一人以上重伤，负事故全部或者主要责任，并具有下列情形之一的，以交通肇事罪定罪处罚：

（一）酒后、吸食毒品后驾驶机动车辆的；

（二）无驾驶资格驾驶机动车辆的；

（三）明知是安全装置不全或者安全机件失灵的机动车辆而驾驶的；

（四）明知是无牌证或者已报废的机动车辆而驾驶的；

（五）严重超载驾驶的；

（六）为逃避法律追究逃离事故现场的。

**第三条** "交通运输肇事后逃逸"，是指行为人具有本解释第二条第一款规定和第二款第（一）至（五）项规定的情形之一，在发生交通事故后，为逃避法律追究而逃跑的行为。

**第四条** 交通肇事具有下列情形之一的，属于"有其他特别恶劣情节"，处三年以上七年以下有期徒刑：

（一）死亡二人以上或者重伤五人以上，负事故全部或者主要责任的；

（二）死亡六人以上，负事故同等责任的；

（三）造成公共财产或者他人财产直接损失，负事故全部或者主要责任，无能力赔偿数额在六十万元以上的。

**第五条** "因逃逸致人死亡"，是指行为人在交通肇事后为逃避法律追究而逃跑，致使被害人因得不到救助而死亡的情形。

交通肇事后，单位主管人员、机动车辆所有人、承包人或者乘车人指使肇事人逃逸，致使被害人因得不到救助而死亡的，以交通肇事罪的共犯论处。

**第六条** 行为人在交通肇事后为逃避法律追究，将被害人带离事故现场后隐藏或者遗弃，致使被害人无法得到救助而死亡或者严重残疾的，应当分别依照刑法第二百三十二条、第二百三十四条第二款的规定，以故意杀人罪或者故意伤害罪定罪处罚。

**第七条** 单位主管人员、机动车辆所有人或者机动车辆承包人指使、强令他人违章驾驶造成重大交通事故，具有本解释第二条规定情形之一的，以交通肇事罪定罪处罚。

**第八条** 在实行公共交通管理的范围内发生重大交通事故的，依照刑法第一百三十三条和本解释的有关规定办理。

在公共交通管理的范围外，驾驶机动车辆或者使用其他交通工具致人伤亡或者致使公共财产或者他人财产遭受重大损失，构成犯罪的，分别依照刑法第一百三十四条、第一百三十五条、第二百三十三条等规定定罪处罚。

**第九条** 各省、自治区、直辖市高级人民法院可以根据本地实际情况，在三十万元至六十万元、六十万元至一百万元的幅度内，确定本地区执行本解释第二条第一款第（三）项、第四条第（三）项的起点数额标准，并报最高人民法院备案。